目次

日本統治下の教科書と台湾の子どもたち

はじめに――私のお祖父さん

大切にしている一枚のＣＤがあります。私が大学院生の時に、お祖父さんにインタービューしたときの録音です。

インタービューの内容は、お祖父さんが日本人だった頃の公学校（日本の小学校に相当する）時代の話です。お祖父さんは一九二九年に日本の植民地だった台湾に生まれました。生まれたときは日本国民でした。お祖父さんは田舎の子どもで貧乏でしたが、勉強がよくできて、日本統治時代の農業学校にいた頃は日本への留学も目指していたそうです。しかし、一九四五年に日本が戦争に負けて、台湾は当時の中華民国の領土となりました。それでお祖父さんも、一晩で、日本人から中華民国の国民になりました。

新しい政権の下で再出発した台湾ですが、もちろん最初から順調ではありませんでした。二つの国の統治下に生きた台湾の人々はみんな大変な苦労をしてきました。もちろん、お祖父さんも例外ではなかったのです。そんな人生を送ったお祖父さんですが、記憶の中では穏やかで、過去についてあまり語らない、日本語も話さないのですが、あんことお餅が入った甘い最中が大好きな人でした。そして、亡くなるまで一度も日本の土地を踏んだことがありませんでした。

お祖父さんはエリートでもなければ、台北など大きな町で暮らしたこともない、台湾の南部にあるごく普通の貧乏な農家の子どもでした。日本統治時代を生きてきた台湾のお年寄りの大半はそうだと思います。でも、彼らの日本に対する思いは強いものでした。もちろん、当時は台湾人だからということだけで学校や職場で差別されたり、日本人の子どもより進学や就職の道が狭まれたりすることも多くありました。しかし、学校へ行くことができて、先生からよその世界の話が聞けるなど、従来の農村社会では経験出来なかったことを体験できました。このような経験は台湾人の子どもたちの心に大きな影響を与えたのでしょう。無口な私のお祖父さんでさえ、昔の同級生たちが集まる時に毎回学校と先生の思い出話で盛り上がっていたそうです。「植民地教育」と言えば、悪いイメージしか持っていませんでしたが、そんな話を聞いて、子どもの頃のお祖父さんはどんな学校生活を送っていたのか、どんな勉強をしていたのかをもっと知りたくなりました。これも私が台湾で行われた植民地教育について研究を続けてきた理由の一つでした。そして、このブックレットでは、そんなお祖父さんが通っていた台湾人向けの公学校で使われていた国語教科書についての話をしたいと思います。

どうして国語教科書なのでしょう？　あなたにも学校で勉強した歌や教材の一段落

や一枚のイラストがずっと記憶の中に残っていることがあると思います。その内容はすでに時代遅れで、今はもう使われなくなっていても、大人になってから、その教科書を再び手にする機会があれば、大半の人は懐かしく思うでしょう。私は日本統治時代の台湾で使われていた国語（日本語）教科書で授業を受けたことはありませんが、それを手にした時にとても大きな衝撃を受けたのです。

これらの教科書はすべて日本語で書かれているのに、台湾の方言や中国語しか話さない自分のお祖父さんやお祖母さんが使っていたものだと思うと、不思議で仕方がなかったのです。現代に生きている私にとって、その教科書の中で展開されていた話は、本やテレビの時代劇に描かれているいわゆる昔話レベルの「日本統治時代」の歴史ではありません。まだそんなに遠くない過去にいた身近な人々が実際に体験した出来事でした。これらの教科書を通して、昔の台湾人の子どもたちが日本統治時代にどのような教育を受けてきたのかを知ることができます。

それから、これらの国語教科書にはたくさんの挿絵が使われています。文字だけのテキストなら、文面の意味をそのまま読み取るしかありませんが、絵がつくことによって学習者の想像も膨らみ、さらに教材に興味を持ちます。特に日本語の話せない植民地台湾の子どもたちが使う国語教科書ともなると、挿絵教材の重要性も大きくなります。これらの挿絵の中に、台湾人の子どもはどのように描かれているのか、どのような生活を送っているのか、そして、教科書の内容は実際の生活と同じだったのか、違っていたのかをチェックしてみるのも、このブックレットの主な目的の一つです。なお、ここで述べている台湾人は当時平地に住む「本島人」*と呼ばれる漢族系の住民を指し

＊本島人
本島人（ほんとうじん）とは、日本統治下の台湾において、統治者である日本人側が使用した台湾の漢族系住民に対する呼び方であり、主に中国大陸の福建省や広東省から渡ってきた漢族の人を指します。なお、当時は日本人のことを「内地人」、台湾の先住諸民族のことを「蕃人」と呼びます。

ます。

一　日本統治下台湾の教育について

一八九五年の四月に、清は日清戦争での敗戦により、下関で日本と講和条約（下関条約）を結び、遼東半島・台湾・澎湖諸島を日本にゆずり渡しました。台湾はこの下関条約によって日本の植民地となりました。そして、日本は台湾総督府（以下は総督府）を設置し、台湾での植民地統治を始めました。しかし、最初は台湾の住民による抵抗は激しいものでした。総督府はそれを武力で鎮圧し、植民地支配を押し進めました。そして、一九四五年まで約五〇年間にわたって日本の植民地統治が続きました。この五〇年間、台湾における鉄道やダムなどの建設が整備され、近代学校教育制度も確立されました。

文化も言葉も違っていた台湾での植民地統治において、現地住民との意思の疎通や命令の伝達のために、最も急務とされていたのが国語（日本語）教育の実施でした。すなわち台湾人に日本語を教えることです。当時台湾での国語教育の方針を主導していたのは伊沢修二という人でした。植民地統治が始まって間もなくの一八九六年に、台湾で最初の国語教育機関「国語伝習所」が創立され、日本本土よりも早く「国語」という言葉が学校教育で使われることになりました。その二年後の一八九八年一〇月に、公学校令が発布され、台湾人児童を対象とする初等教育機関「公学校」が発足しました。教育内容は日本本土の小学校とは違っていましたが、本土よりも早く「国語」という教科が設置され、日本語教育を行うことになりました。さらに、翌年の一九〇〇年から最初の台湾人用初等国語教科書「台湾教科用書国民読本」が総督府によって編集・刊行されました。日本統治時代が終わるまで、全五期計六〇冊の台湾人用初等国語教科書が出版されたのです。

1　植民地教育とは何だろう

近代における植民地の歴史を見てみると、その目的は主に植民地の経済開発にあります。しかし、経済を目的とする植民地統治は、いつも現地の住民やその人たちの生活スタイルをはじめ、政治的な環境、学校教育に至るまで全般的な影響を与えてしまいます。もちろん、実際の統治状況は宗主国（植民地統治を行う国のこと）の背景、統治目的および統治の方法によっても違ってきます。アジア唯一の旧宗主国になった日本の統治方針や植民地政策は、当時のヨーロッパの旧宗主国とは違っていました。

植民地統治の実態を追究する時に、表面的な政策内容を解読することだけでは足りません。重要なのはその方針が定められた理由とその背景を究明することです。植民地教育の研究も同じです。教育制度の説明に止まらず、実際の教育内容を明らかにしなければなりません。特に日本の植民地統治には「同化」政策*が基本方針であり、その実現に学校などを通して植民地の人びとに「教育」を施すことは必要不可欠でした。

植民地の学校のカリキュラムや組織構成は宗主国の統治方針と現地の文化の相互作用で特独なアイデンティティーを持つことになります。学校で行われている授業や学校行事のみならず、植民地が持つ歴史や文化の要素、それぞれの地域に存在する特徴

＊同化政策
同化政策とは、支配権を持つ民族（もしくは集団）が、従属的な地位にある民族・集団の文化や生活様式を抑圧し、自民族に同化させようとする政策です。

や、地域社会の影響力はどのように植民地学校に影響を与えているのかを知ることも大切です。そのため、できる限り当時の学校の様子を教育政策、カリキュラム、教師、学生などから再現することが大切です。さらに具体的な教育内容を把握しなければなりません。

例えば、同じ同化政策を唱えたフランスの植民地統治は、自由平等思想の影響を受けて、所領する植民地でフランスと同じような学校を作り、フランス語教育を行い、フランス文化を植民地にもたらしました。一方、イギリスの場合は間接統治主義で、植民地における政治的自由は許しました。また、イギリスは植民地の教育をとても重要視していたので、方言を使う原住民学校を作るなど、植民地の伝統文化を尊重していました。しかし、経済的な収益は、最終的にやはり宗主国であったイギリス政府のものでした。

日本の植民地教育では、天皇制を中心とする国家体制の影響を受け、植民地でも立派な「日本国民」を育てることが植民地教育政策の前提となっていました。植民地の教育に対する統制は学校や教員から、カリキュラム、教科書にまで及んでいました。さらに、当時日本の植民地はすべて儒教の影響を受けていた地域にあるため、その根底にある思想上の繋がりも日本の植民地教育に影響を与えていました。特に国語（日本語）教育による同化、いわゆる「言葉」からの同化が中心になったと言われています。

2　台湾における植民地統治の展開

植民地の統治方針に影響を与えるのは社会や国家情勢の変化です。日本統治時代の方針は「無方針主義」から「内地延長主義」、そして「皇民化運動」の三段階に分けられます。

①「無方針主義」の時期——日清戦争後の統治初期では、台湾の住民による武力抗争があちこちで起きていました。台湾現地の状況に対する把握もまだ十分でなかった総督府は様々な要素を考えたうえ、目下の統治方針を「現実によって適当な措置を取る」という無方針主義に決めました。この時期は乃木希典陸軍大将など軍人出身の総督がトップに就きましたが、中心になったのは後藤新平民政長官でした。とりあえず、植民地に対して積極的な同化や破壊を行うことなく、まずは植民地政権と経済面の安定を優先することにしました。

②「内地延長主義」の時期——大正期に入ってから、デモクラシーの思潮と新教育運動などの影響は台湾まで及んでいました。一九一八年に、当時の原敬内閣が植民地の統治方針を「内地延長主義」に変更し、「同化」政策が正式に台湾での植民地統治の原則となりました。この時期は軍人ではない総督がトップに就いていました。

③「皇民化運動」の時期——一九三〇年代に日本全体が戦時体制へ移行し、植民地台湾に対する支配が以前より強化されました。一九三六年九月二日、再び軍人出身の小林躋造が台湾総督に任命されました。日本本土に先だって、台湾での「皇民化運動」がはじまりました。一九三七年、日本本土では国民精神総動員実施要綱が決定され、台湾もその影響を受けて、様ざまな変化が起きました。

3　公学校教育の成立とその後

台湾の近代学校制度は植民地統治期に導入されたものです。植民地統治の目標を遂行するために、一貫して台湾人に日本語を教えることになりました。まず台湾の人に日本語を覚えてもらわないと何も始まらないので、台湾人児童専用の学校を作ることになりました。そうして誕生したのが「公学校」です。この頃、日本から来た日本人の子どもたちが通う小学校も台湾に設けられました。

公学校制度の発足は一八九八年の「台湾公学校令」によるものです。同年に「台湾公学校規則」が定められ、各地方や地域社会の経費によって公学校が設置されました。各地域社会に公学校の運営を任せることができたのは、総督府が台湾で積極的に教育を推進し、ある程度地域に圧力をかけた結果ではありますが、もともと清朝の統治下にあった台湾は、儒教の影響を強く受けていて、子どもには勉強をさせて、将来の出世を目指すという考え方が根強く存在する土地柄でもありました。そのため、新しい政権の教育を受けて、自分の子弟に将来出世する機会を与えることができるのならと考え、公学校の設置に協力的な台湾人も出てきました。

その後、資本主義の盛行で台湾の経済も社会もさらに発展し、台湾人の教育に対する需要もさらに増えました。その時の台湾総督明石元二郎は教育によって「同化」政策を進展させる必要があると認識します。そして、一九一九年に台湾教育令を公布し、台湾での学校制度を確立させました。その後、一九二二年に、当時の台湾総督田健治郎がさらに台湾教育令を改定し、「内台共学」の方針を立てました。しかし、この改定によって日本人と台湾人がすぐに同じ学校に通えたわけではありません。改定新台湾教育令の第二条には「国語ヲ常用スル者ノ初等普通教育ハ小学校令ニ依スル」、第三条には「国語ヲ常用セサル者ニ初等普通教育ヲ為ス学校ハ公学校令トス」との規定があります。これによれば、日常では日本語を話さない、話せない台湾人の子どもたちは、今まで通りに公学校に通うことになります。つまり、法令上における日本人と台湾人の教育上の隔たりは取り払われたかに見えましたが、一部の都市小学校には台湾人子弟の入学者が現れた以外、殆どの地域では何も変わりませんでした。

一九三七年に戦時体制への移行とともに、日本本土では小学校を国民学校へと改名し、「皇国民」教育の実現を図りました。その後、すぐに台湾も「国民学校令」を発表し、一九四一年四月から台湾人が通う公学校（分教場も含め）も小学校と同時に「国民学校」へと改名すると決まりました。ただし、学校の名称は同じ「国民学校」にしましたが、日本語を常用しているかどうかを基準に別々のカリキュラム表が制定され、日本人と台湾人児童が通う学校は相変わらず別々のままでした。

4　公学校教育の主旨

公学校教育の最初の目的は国語教育でしたが、言葉によって台湾人を「同化」するという方針からすれば、日本の精神や文化も植民地の人びとに教えこむことが最も重要な内容でした。これらの目的と当時台湾社会の実態を考え、総督府が公学校の運営に直接かかわる「台湾公学校規則」を制定しました。規則の中には、公学校の各科目では子どもたちが自由に国語を使う能力を養成し、また学生の身体発達の段階にそって授業を行うべきだと規定されていました。では、規則に定められている公学校教育

写真1　潮州公学校のサトウキビ害虫駆除（台湾教育二〇九号）

のポイントを見てみましょう。

①国語を精通させること。

台湾人生徒たちに日本語を教える事が最も緊急で優先すべき目標です。日本語の普及は直接に植民地統治の安定につながるだけでなく、最終的に日本語によって日本の文化と歴史などを伝える事で、忠良なる日本国民の育成にもつながります。

②道徳教育を施すこと。

公学校のもう一つの重要な役割は道徳教育を施すことです。植民地統治初期の台湾は未開化の地と言われていました。台湾島の西部の平地や物品の集散地には中国大陸からの移住者（主に漢民族）が集中して定住していました。そして、山地や交通が不便なところには、平地に住む人びとと言葉も文化も異なる台湾の先住民たちが住んでいました。平地に定住している漢民族の伝統文化や習慣が定着し、漢民族社会の強い「男尊女卑」思想が中心的価値観であったため、婚姻制度などにも様ざまな悪習がありました。また、当時の日本人の目からは、台湾人は自己中心、貪欲、賭け事好き、不誠実などの欠点が見られました。そのため、公学校でよい日本国民を育てるには、まず子どもの時から正しい道徳観を教えることが必要だと考えました。

③生活に必要な知識と技能を授けること。

植民地統治の最も大きな目的は宗主国の経済的利益にあります。日本の植民地統治も例外ではありませんでした。植民地の人びとを経済活動に貢献できる即戦力にするには教育の力が必要でした。公学校は初等教育機関ですが、カリキュラムや教科書には農業、工業、商売、公民社会などに関する基礎的な知識をたくさん取り入れていました（写真1、2、3、4）。最低限の生活能力を育成するのも公学校教育の目標の一つでした。低学年の教科書

写真2　潮州公学校の農業実習（台湾教育二〇九号）

写真3　年末の役所前の様子（三期巻六、個人所蔵）

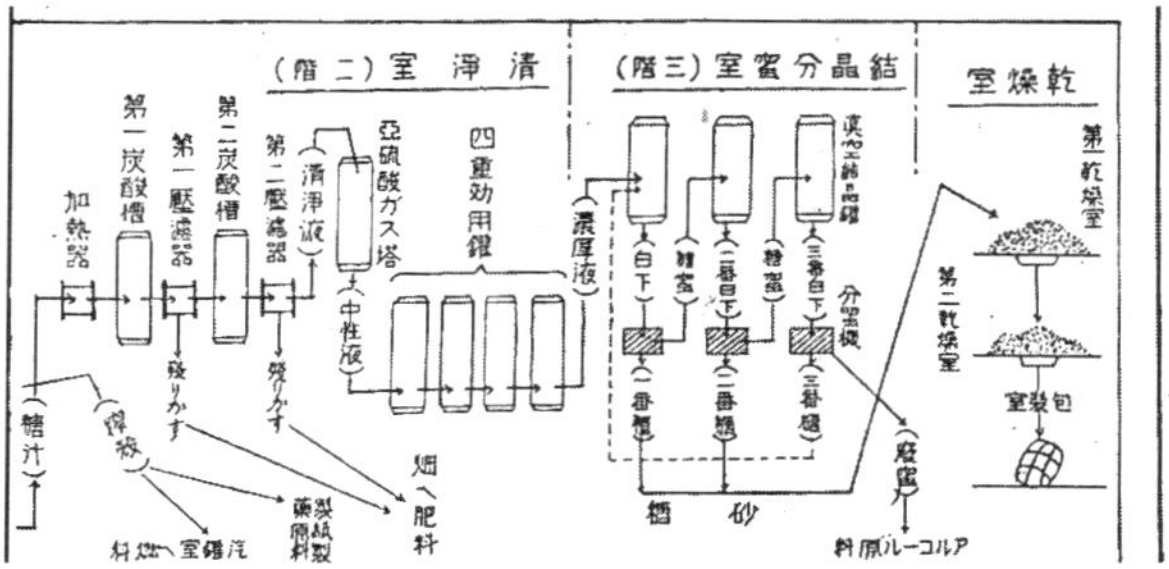

写真4―1　砂糖の製造過程（四期巻一二）

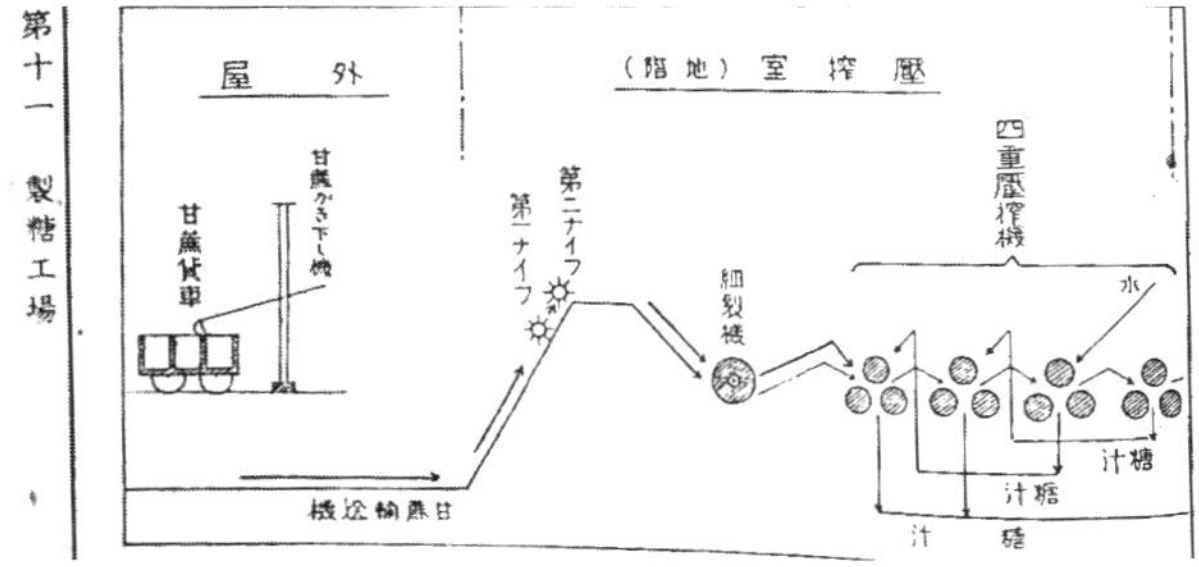

写真4―2　砂糖の製造過程（四期巻一二）

では家事手伝い、子守、畑仕事の手伝い、手紙の書き方などの基本な知識も教えていました（写真5）。

④日本国民として必要な性格の陶冶。

時期によって統治方針が調整されますが、台湾人を日本国民に育成することは公学校教育が持つ一貫した基本方針でした。教科書を通して、天皇への忠誠心、日本国民として持つべき性格などは日常生活の中から教え込みました。日本の国体にかかわる神話や重要な行事なども教材として取り入れられています（写真6、7）。

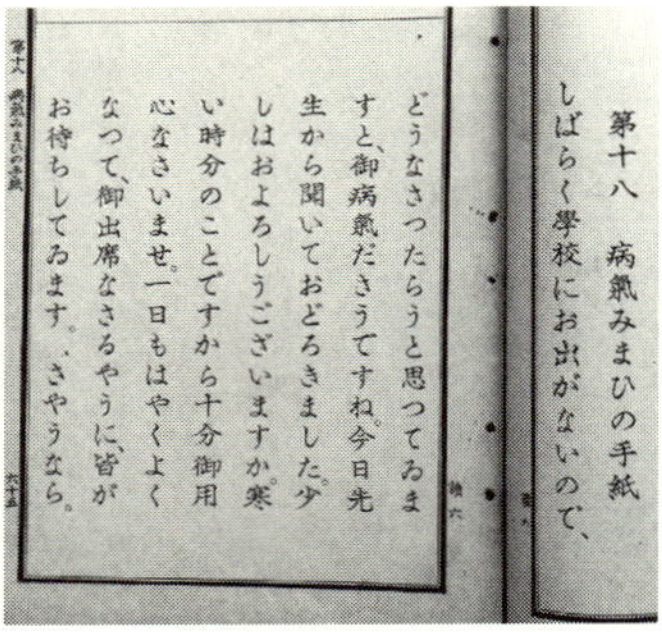
第十八　病氣みまひの手紙

しばらく學校にお出がないので、どうなさつたらうと思つてゐますと、御病氣ださうですね。今日先生から聞いておどろきました。少しはおよろしうございますか。寒い時分のことですから十分御用心なさいませ。一日もはやくよくなつて、御出席なさるやうに、皆がお待ちしてゐます。さやうなら。

写真5　病気見舞いの手紙（三期巻六、個人所蔵）

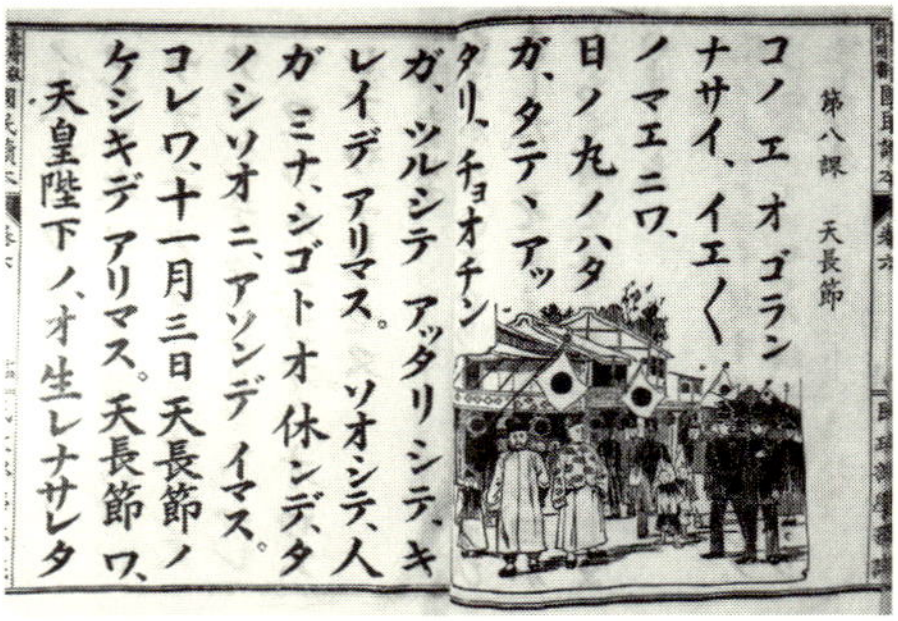
第八課　天長節

コノエ　オゴラン　ナサイ、イエノ　ノマエニワ、日ノ丸ノハタ　ガ、タテ、アッタリ、チョオチン　ガ、ツルシテ　アッタリ　シテ、キレイデ　アリマス。ソオシテ、人ガ　ミナ、シゴトオ　休ンデ、タノシソオニ、アソンデ　イマス。コレワ、十一月三日　天長節ノ　ケシキデ　アリマス。天長節　ワ、天皇陛下ノ、オ生レナサレタ

写真6　日本人と台湾人が同時に描かれている挿絵（一期巻六「天長節」）

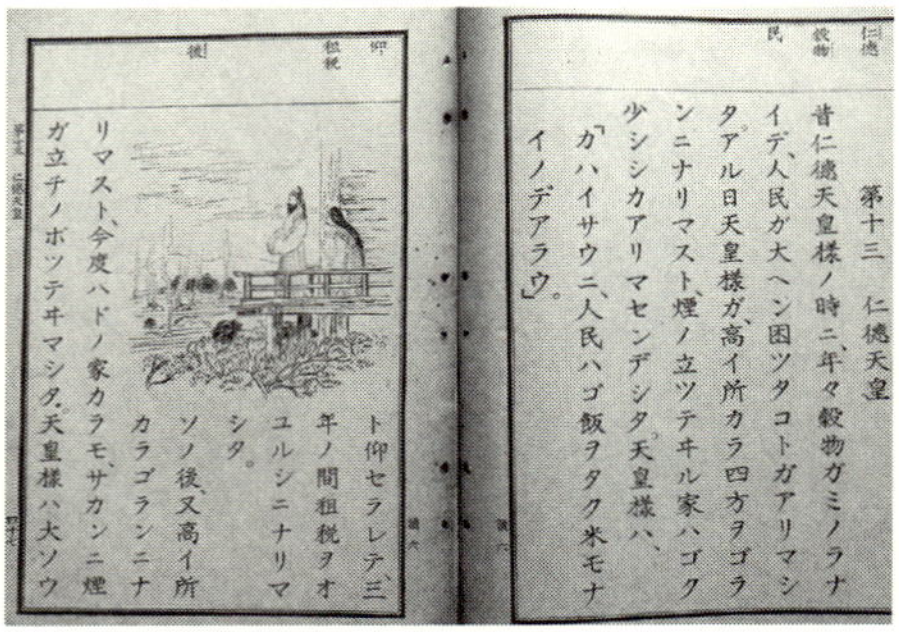
第十三　仁徳天皇

昔仁徳天皇様ノ時ニ、年々穀物ガミノラナイデ、人民ガ大ヘン困ツタコトガアリマシタ。アル日天皇様ガ、高イ所カラ四方ヲゴランニナリマスト、煙ノ立ツテヰル家ハゴク少シシカアリマセンデシタ。天皇様ハ、「カハイサウニ、人民ハゴ飯ヲタク米モナイノデアラウ。」ト仰セラレテ、三年ノ間租税ヲオユルシニナリマシタ。

ソノ後、又高イ所カラゴランニナリマスト、今度ハドノ家カラモ、サカンニ煙ガ立チノボツテヰマシタ。天皇様ハ大ソウ

写真7　仁徳天皇（三期巻六、個人所蔵）

⑤身体の発達を重視すること。

学校にとって健康な少年国民を育てることも大切な役割です。特に昔の台湾では衛生環境が悪く、コレラなどの伝染病などが流行して、大きな問題となっていました。公学校では生徒の生活習慣から体を鍛えることまでに目を配り、統治中期以降は公学校でも健康診断がきちんと行われるようになりました（写真8）。

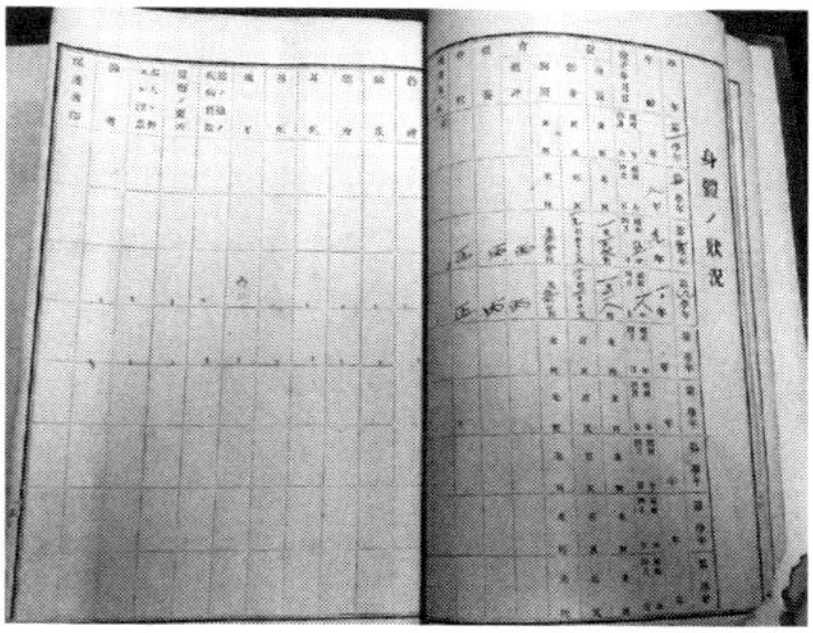

写真8　公学校の「家庭通信簿」に記録された健康診断の結果（個人所蔵）

台湾を統治するために、公学校の任務は言語上の障害を排除する以外に、国民精神の養成、実学知識と生活能力の育成が重要な内容になっていました。しかし、台湾人を「同化」すると言いながらも、カリキュラムの編成や進学に差が生じていました。例えば、日本人児童が通う小学校は本土と同じ国定教科書を使用するのに対し、台湾人児童が通う公学校は台湾総督府が編集した教科書を使います。さらに、中学校の入学試験は日本人が通う小学校の教科書からの出題が続くなど、植民地教育にはずっと差別が存在していました。前にも述べたように、一九二二年の新台湾教育令が定められても、一九四一年に小学校、公学校ともに国民学校に改名されても、日本人と台湾人の子どもたちは最後まで共学することがなく、カリキュラムも別々のままで教育上における差別問題は依然として解決されませんでした。

二　台湾人生徒用の初等国語教科書

公学校で使われる台湾人生徒用の国語教科書は、総督府によって一九〇一年から一九四五年まで表1のとおり全五期にわたって編集・刊行されました（表1）。各時期

表1　台湾人用公学校国語教科書一覧

期數	巻（初版年）	使用期間	教科書題名	巻数
第一期	明治 34 年（1901）	1901-1914	台湾教科用書国民読本	巻 1-12
第二期	大正 2 年（1913）	1913-1926	公学校用国民読本	巻 1-12
第三期	大正 12 年（1923）	1923-1941	公学校用国語読本（第一種）	巻 1 － 12
第四期	昭和 12 年（1937）	1937-1943	公学校用国語読本	巻 1-12
第五期	昭和 17 年（1942）	1942-1945	コクゴ・初等科国語	巻 1-4・巻 1-8

の教科書はそれぞれ特徴を持っていて、その時期の台湾社会や台湾人生徒生活の一面が反映されています。

1　第一期『台湾教科用書国民読本』

第一期の公学校国語教科書は『台湾教科用書国民読本』（写真9）です。この国民読本は一九〇一年から三年間かけて編集され、全一二巻があります。教科書の編著者は杉山文悟と大矢透です。日本語の全く分からない台湾人の子どもが使う教科書なので、当時外国語教育で使われていた「グアン式」教授法*を参考にして作られました。教材の配列も「グアン式」教授法の影響を受け、初級からカタカナ表記で発音を覚させることを優先しました。教材の難易度は当時の日本の小学校より簡単で、漢字の量も少なくなっていました。また、グアン式教授法の特徴の一つでもある対訳法を取り入れて、巻七までの教科書は各教材の最後に文法練習用の「応用」と「土語読方」を配置していました。当時はまだ植民地統治の初期ですので、台湾現地の文化を温存する方針が取られていました。それで、台湾話をカタカナで表記した「土語読方」が取り入れられたのです。

写真10は第一期に収録されている教材の応用と土語読方の一例です。この教材は台湾風の服を着ている母が娘にきれいな服

*グアン式教授法
　グアン式教授法は、フランス人のフランソワ・グアン（Franeis Gouin）が開発した自然教授法の一つである。幼児の母語習得をヒントに、動作と言語を連動させた教授法です。日本統治期に山口喜一郎が台湾での日本語教育に導入し、大きな影響を与えました。

**実学教育
　社会生活に実際に役立つ学問のことです。公学校の教育において、科学・衛生・商業・公民社会などに関する初歩的かつ実用的な知識を教えることは重要な目的の一つです。

写真9　第一期『台湾教科用書国民読本』巻一表紙

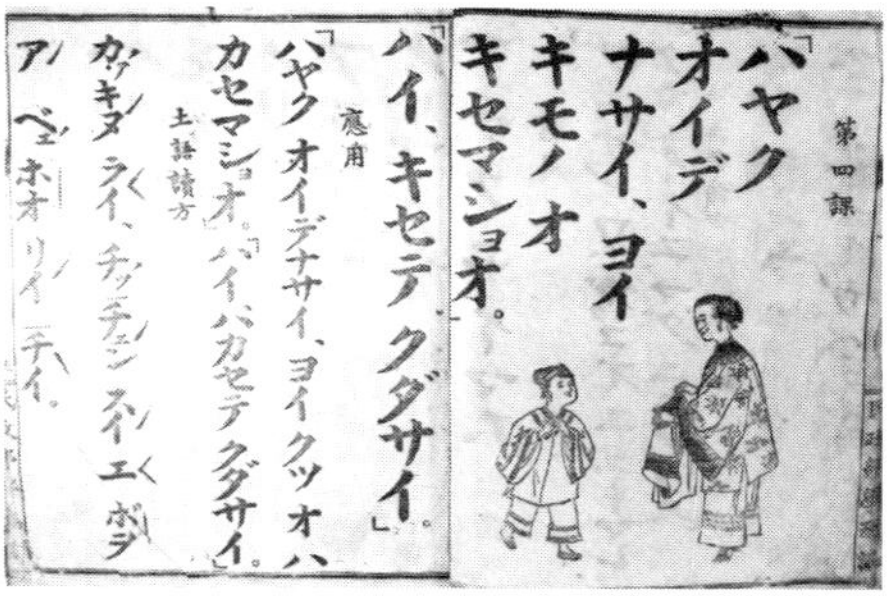
第四課
「ハヤク オイデ ナサイ、ヨイ キモノ オ キセマショオ。」
「ハイ、キセテ クダサイ。」
應用
土語讀方

写真10　台湾服を娘に着せる母と土語読方（一期巻二）

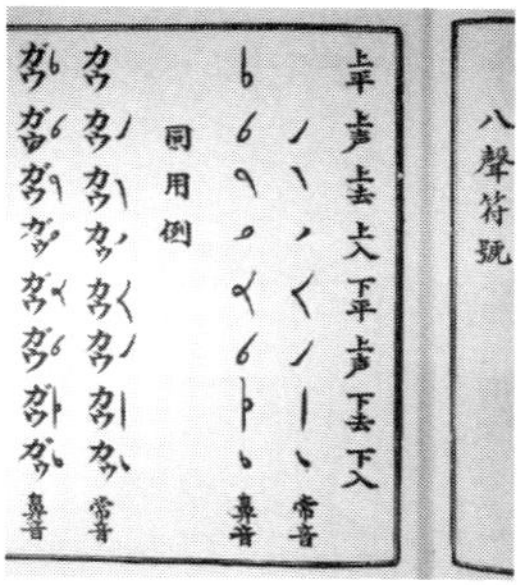
八聲符號
上平 上声 上去 上入 下平 下声 下去 下入
常音
鼻音
同用例

写真11　土語読方の表記表（一期巻二）

を着せようとしている内容となっています。土語読方の内容はそれを台湾の方言に訳したもので、台湾話の発音がカタカナと独自の表音記号（写真11）で表記されています。

これらの読本は台湾での最初の日本語教科書でした。それを編集するとき、台湾総督府は台湾における文明開化と新領土での新国民の養成を考えて、国家精神や科学知識を特に重視していました。教科書における教材の配分で一番多く取り入れられたのは、「実学教育」関連の教材でした。また、日本の領土になったばかりの台湾は生活レベルや環境条件も低かったため、読本の挿絵に描かれた人物や内容にも日本と台湾の文化上の違いがはっきりと現われています。例えば、長い編み髪で清朝風の台湾式服装を着る台湾人や日本の制服を着る子どもが共に挿絵に描かれるときに、汚い格好で悪いことをするのは台湾式の服装を着た台湾人の子どもでした（写真12）。それに対し、日本人の子どもはいつも礼儀正しく真面目な役で登場します（写真13）。挿絵に現れたこのような差別的な扱い方はこの第一期の『台湾教科書用書国民読本』の特徴の一つ

第五課　キレイニナサイ
ミナサン、カラダ オ キレイ ニ ナサイ。
カラダ ガ、キタナイ ト、ビョオ キ ニ ナリ マス。
ソオシテ、カラダ ノ キタナイ コ ワ、ヒト ガ、イヤガリマス。

写真12　汚い格好で描かれている台湾人の子ども（一期巻二）

第七課　ベンキョオスルセイト
コノ セイト ワ、ヨク ベン キョオ スル セイト デ アリマス。
アメ ガ フッテモ、カゼ ガ フイテ モ、ケッ シテ、ガッコオ オ ヤスミ マセヌ。

写真13　学校を休まない日本人の子ども（一期巻三）

写真14　阿片を吸引している台湾人（台湾慣習記事五巻一一号巻頭写真・台湾協会所蔵）

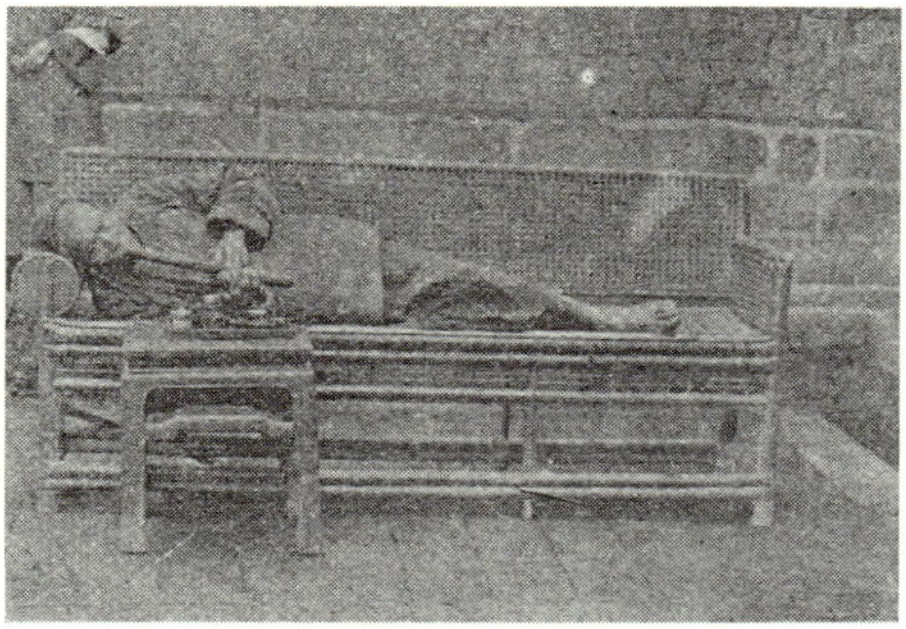

写真15　アヘンの教材内容（一期巻八）

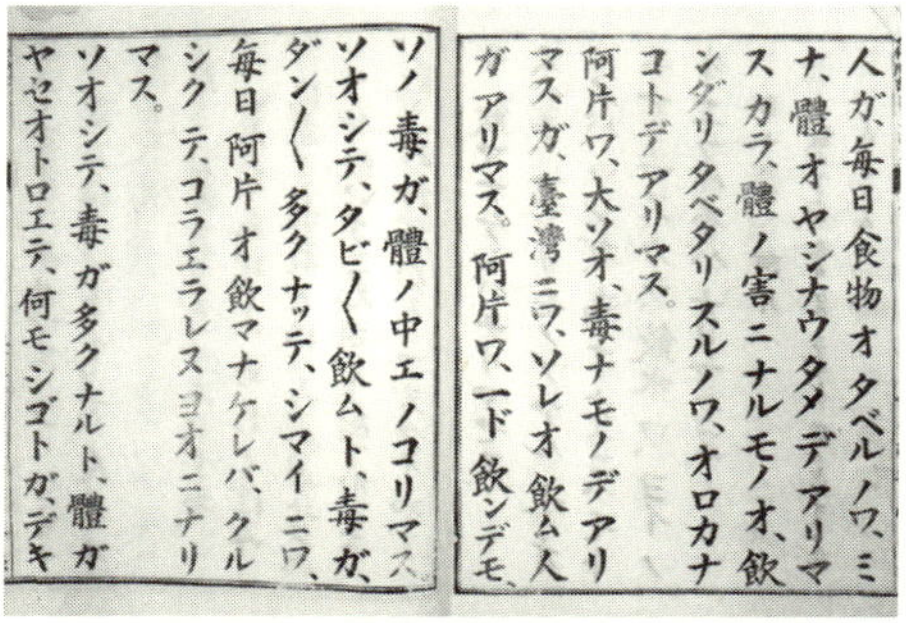
人ガ、毎日食物オタベルノワ、ミ
ナ、體オヤシナウタメデアリマ
スカラ、體ノ害ニナルモノオ、飲
ンダリタベタリスルノワ、オロカナ
コトデアリマス。
阿片ワ、大ソオ、毒ナモノデアリ
マスガ、臺灣ニワ、ソレオ飲ム人
ガアリマス。阿片ワ、一ド飲ンデモ、
ソノ毒ガ、體ノ中エノコリマス
ソオシテ、タビ〳〵飲ムト、毒ガ、
ダン〳〵多クナッテ、シマイニワ、
毎日阿片オ飲マナケレバ、クル
シクテ、コラエラレヌヨオニナリ
マス。
ソオシテ、毒ガ多クナルト、體ガ
ヤセオトロエテ、何モシゴトガ、デキ

写真16　普通士人の風俗：女性の服と纏足（「南陀の風物」第一号、台湾協会所蔵）

です。最も植民地らしい教科書ともいわれています。

それから、健康に害を及ぼす阿片《アヘン》の吸飲（写真14、15）や、当時台湾の悪習とされていた女性の纏足《てんそく》（写真16、17）もこの時期の教材に登場しています。纏足というのは女の子の足を子どもの時から長い布で縛りつけて、足が大きくなるのを防ぐための慣習です。小さい足ですと、歩く時に体が揺れて安定しないその姿が美しいとされていたからです。もちろん、歩行には不向きなので、女性は家にいて外へ出かけさせないようにすることが主な目的の一つだとも言われています。これは当時の台湾でも比較的中から上流階層の台湾人家庭の娘たちが対象でした。しかし、これは衛生上も、人権の観点からも悪習と言えるものでした。日本の植民地統治が進んでから、纏足の女性もめっきり減りました。写真16の纏足の台湾人女性の写真では、下の少しだけ映っているのが纏足している女性の足です。サイズは大体三寸と言われていて、一〇～一五センチぐらいの大きさです。

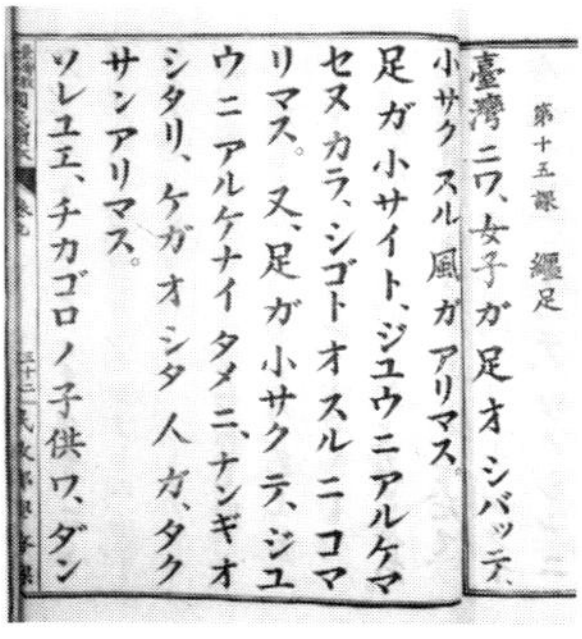
第十五課　纏足
臺灣ニワ、女子ガ足オシバッテ、小サクスル風ガアリマス。
足ガ小サイト、ジユウニアルケマセヌカラ、シゴトオスルニコマリマス。又、足ガ小サクテ、ジユウニアルケナイタメニ、ナンギオシタリ、ケガオシタ人ガ、タクサンアリマス。
ソレユエ、チカゴロノ子供ワ、ダン

写真17　纏足の教材内容（一期巻九）

2　第二期『公学校用国民読本』

一九〇七年の日露戦争以後、日本では社会と経済の発展が著しく進展しました。さらなる発展を目指すために、植民地での人力開発も重要となり、力が入りました。当時台湾の教育を取りまとめていたのは総督府の学務部長隈本繁吉で、教科書の編集を担当するのは同学務部編修課長の小川尚義です。第二期の国語教科書『公学校用国民読本』（写真18）は当時の日本本土で使われている国定読本、すなわち『尋常小学国語読本』を範例とし、台湾の公学校にとって適切な教材を取り入れて編集されたものです。

出来上がった『公学校用国民読本』は、見た目は本土の国定国語教科書とほぼ同じになっています。ただ、『台湾教科書用書国民読本』で使われていた表音式の仮名づかいは廃止されて、国定教科書と同じように歴史的仮名づかいに変えられました。教える時も漢字を使うようになりました（写真19）。

また、総督府の方針によって公学校の一年目から台湾話は一切使われず、内容は手真似式から文章を読むことへ進み、入学六週間後から読本による教授が始められるよ

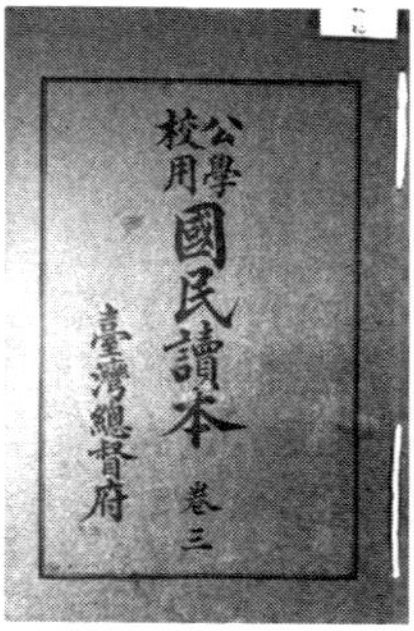

写真18　第二期『公学校用国民読本』巻三表紙

写真19　第二期国語教科書の編集様式（二期巻二）

うになりました。低学年の授業は話し方（会話などの話す勉強）を基礎としますが、読本の教材を話し方の教授に溶け込ませるようにしました。しかし、まだ台湾人生徒は日本語がわからないので、完全に先生が話す言葉を理解できないことが問題となりました。そのため、教師と生徒の間で考えを交換することができなかったことも考えられます。

一方、台湾社会の現実とは関係なしに、第二期「公学校用国民読本」の内容では、日本本土と台湾の違いを強調することが徐々になくなりました。韻文などの比較的に高度な日本語教材も取り入れられ始めました。さらに、教材の分量も明らかに増え、大量の漢字が使用されるようになりました。挿絵では長い編み髪の人物はなくなりましたが、同じ写真19のように台湾風と日本風の服装や建物の違いはまだ区別できます。また、読本の登場人物の名前も台湾式の「阿玉（玉ちゃん）」のような呼び名も今まで通りに使われています。

第二期『公学校用国民読本』の刊行に際し、一九一三年一月一七日から二八日までの国語官僚学者・国定本国語教科書編修担当者の芳賀矢一が台湾を訪問していました。学務部長の隈本によるこの招致活動には「国語教育に託して〝民族への同化〟の志向性を強化していく動きの一環としての意味」が持たされていたといいます。なお、国定本の編集者を台湾に招致した意図について、「新しい国語教科書取扱上の注意、趣旨説明を通して、国民性格の涵養をいかに確実に実施していくかという問題を解明してもらうことにあった」ということも明らかにされています。

芳賀の台湾での活動内容は国定教科書の編纂や、国語と国民性の関連性などについて、台湾全島をまわり、小公学校の教員を相手に講演を行うことでした。芳賀の国語思想には、祖先崇拝、忠君愛国などが「国家としての日本の特質」として挙げられています。このような国語観は、台湾で国語を広く浅く普及すると主張する隈本にとっては、祖先崇拝や「国民性」などを具体的に示してくれるものであり、台湾での国語普及事業に役立つものだと判断されたのでしょう。こうして、芳賀の台湾訪問は隈本繫吉の主導のもと「国語を以って台湾人を「国体論」に組み込む体制が着々と整えられていった」ことをも意味したのです。

3　第三期『公学校用国語読本（第一種）』

前にも説明しましたが、一九一〇年代後半から一九二〇年代初頭にかけ、社会や世界の情勢、および台湾教育令による学制の整備で、台湾における様ざまな状況が変わりました。一九一九年の「台湾教育令」の頒布と一九二二年の「台湾教育令」改正、地方制度の変革など時局の変化、および台湾島内からの教育機会の増加や開放の要請が増えたことに伴い、国語教科書の改訂も必要とされるようになりました。そこで、第二期の『公学校用国民読本』が使われ始めてから僅か数年後、総督府は各師範学校と地方官庁に意見を求め、新台湾教育令が公布された直後に新しい教科書の編さんに着手しました。新しい教科書の編集方針は「内容形式をなるべく国定読本に接近」するようにと定められました。

一九二三年に第三期の台湾人生徒用国語教科書の『公学校用国語読本』（写真20）が発行されました。その後、台湾先住民の子どもたちが使う国語読本と区別するため、

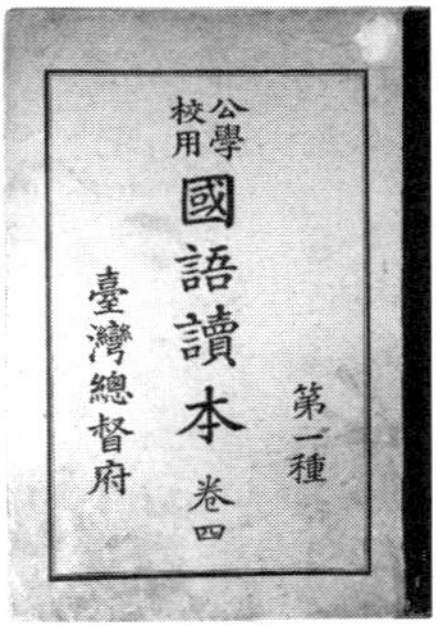

写真20　第三期『公学校用国語読本（第一種）』巻四表紙

一般台湾人生徒用の国語読本を「第一種」としたので、『公学校用国語読本（第一種）』となり、先住民の子ども用の教科書を『公学校用国語読本（第二種）』としました。なお、第一期と第二期は「国民読本」と名づけられていたのを、第三期から内地の国定本と同じように「国語読本」に改めたのは、公学校の国語科が担う国民教育の性格が消えたことを意味するのではありません。むしろ、台湾教育令によって公学校の教科構成も再編され、歴史や地理など今まで欠けていた教科が完備されたために、各教科が持つ教授目標もより明確となり、各教科を合わせた「国民教育」が成立したことを意味しています。

新しい国語教科書の様式は前期の教科書と同じように国定本をモデルにし、全巻を通して教材は総合的なものでした。教材の構成は修身、歴史、地理、理科、実業、国民、文学の七種類に分類されていますが、「児童の日常生活に関係深い教材を採用し、文章も説明よりは描写に重きを置き、また話し方との連絡を考慮し」て、会話教材も大幅に増やされ、「児童本位」という立場から編集されるようになったのです。

この『公学校用国語読本（第一種）』は一九二三年から一九四一年の間、第四期の国語教科書が全巻出揃うまで使用されていました。日本統治下の台湾において、最も使用期間が長かった国語教科書でもあります。この時期の国語教科書の教材構成は実学知識や台湾郷土教材や国民精神の涵養が中心となっていて、特に実学関連の教材が一番多いです。編集上の特徴として、新たに作られた教材が多くなり、西洋に関する教材（写真21）も現れました。しかし、まだ台湾風の人名、服装や建物が見られます。

写真21　西洋教材（三期巻六、個人所蔵）

4 第四期『公学校用国語教科書』

第四期公学校用国語読本（写真22）は日本が戦争体制に入る時期に編さんされ、時勢を十分に反映している内容となっています。教材には日本帝国の「南方発展基地」とされた台湾の位置づけにより、新領土事情として南洋関係の教材や、軍事関係の戦時教材などが多数取り入れられるようになりました。しかし、全体的な教材配分でいえば、これ以前の読本と同じように実学教材、一般言語教材や皇民教育関係教材が最も多いものとなっていました。

戦時体制への移行による影響がみられたのは、各巻における教材構成の変化です。一九三九（昭和一四）年以降に刊行された巻七からは、皇国民化に連結できる「国民精神」教材が明らかに増えました。教科書を通じた更なる皇国民精神の涵養、それは日本の国のために尽くす、命をも捧げられる国民に育てることを目指すことでした。また、台湾の「南方発展基地」としての位置づけを、台湾人の子どもにも自覚させるために、南洋関連教材や、軍事知識を教える戦時教材も増えました。先生たちが参考にしている教授書（教師用指導用書）には、植民地台湾の人たちが背負う聖戦上の責任を教え込むべき、という本当の指導目的が書かれていました。それを最終的には台湾での兵力の募集に繋げる目的がありました。つまり、第四期の教科書は前半の巻一から巻六までは学習理論に沿って作られましたが、後半の巻七からは国家の必要を優先し、より国民精神や軍事教材などに偏ったものとなってしまいました。この変化もこの第四期『公学校用国語読本』が総合日本語教科書から全面的に皇国民育成教科書へ転換したことを意味しました。

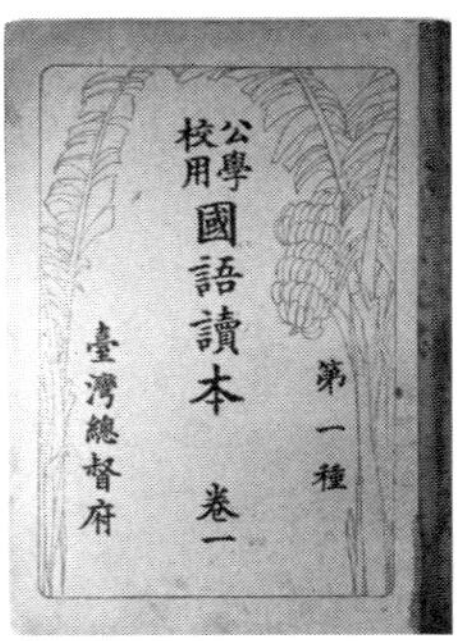

写真22　第四期『公学校用国語読本』巻一表紙

5　第五期『コクゴ』『初等科国語』

第五期の国語教科書は、「ことばの教育に出発し、ことばの教育に到達せんことを期する」という大きな指導方針が編集の土台となっています。すなわち、教材における言語と思想の一体化を目指しているということです。さらに、その編集方針の実現には、『コクゴ』（写真23）と『初等科国語』の教材の使用だけでなく、それを使って教授する教師の実地指導も大きな役割を担っていたのです。そのため、第五期の国民学校国語教科書からは、総督府によって全巻の教授書が刊行されることとなりました。

また、第五期国語教科書の編さんは皇民錬成の徹底を求め、内地と同様に国民学校となったことで再び「一視同仁」を達成する理念を提起し、前半の国語教科書は確かに国定本により一歩近づきました。しかしながら、高学年から付録の形で拓殖や戦争関連の教材を収録しました。一定の文学性を部分的にも保ち続けた国定本に比べれば、台湾国民学校高学年の「初等科国語」の大半は戦争関連の教材であり、内地より濃厚な軍国調になっています。

総じていえば、第四期と第五期の国語教科書編さんは、戦争の勃発と総督府の政策転換によって強い影響を受ける一方、編集者たちのこだわりによって初学年段階の教科書編さん方針や、発音教育の重視、台湾の風土に合わせる教材の選択基準などの編さん理念は守られていました。ただし、台湾における第四期と第五期の国語教科書が使用されたのは台湾での植民統治最後の八年間であり、戦争が激化した時期でした。最終的に戦争の影響で生徒たちは学校へ通うことが出来なくなりました。新しい国語

写真23　第五期『コクゴ』一表紙

教科書の教育効果は十分に子ども達の心にしみこんでいないうちに、戦争の終結と共に台湾での植民地教育も終わったのです。

ここまで台湾での全五期の国語教科書について説明しました。日本による植民地統治において、「教育」は現地住民を教化するための重要な手段だとされ、台湾人の子どもが通う公学校で使われる国語教科書もその教育目標を果たすための重要な道具でした。すべての教材には植民地当局の思惑が反映され、政治的意図をもって編集されたものです。私の調査によれば、台湾の国語教科書にある教材の七割強は台湾総督府の編修官たちが作成、もしくは改編した教材です。日本本土の国定国語教科書から採用した教材は三割程度にとどまっていました。それは、台湾での国語教科書は台湾人生徒のために作られたものであることを意味していると同時に、台湾人児童への教育内容を統制していることを意味しています。すなわち、台湾人の子どもたちにこうなって欲しいという理想像を、共通の教科書を通して教え込んでいるということなのです。

総督府の意図が織り込まれている教科書ですが、その中に描かれている「台湾人児童」の姿は、台湾人児童の実際の姿とは限りません。植民地台湾の児童にはこうなって欲しいと、総督府が思っている理想の姿が描かれているのかもしれません。これからは実際の教材内容をみながら、台湾人児童はどのように描かれていたのか、どのように変化していたのか、そして、それらが台湾人児童の実際の生活と同じなのかどうかを確認していきます。

三　国語教科書の中の子どもとその生活

国語教科書を見る前に、まず写真24を見てください。これは一九二〇年代に撮影された台湾人女子生徒たちが縄飛びをしている写真です。写真の下の説明書きに、この女の子たちは孔子廟の前で授業が始まるのを待っていて、現在その孔子廟は日本人の手によって学校になったと書かれています。「廟《びょう》」というのは日本の神社やお寺のような建物で、神様や神霊などが祀られているところです。日本統治以前の台湾では、近代的な「学校」がありませんでした。子どもたちは「書房《しょぼう》」というところ（日本の寺子屋に相当する）で勉強していました。「書房」での教育は地域にある廟などの部屋を借りて行われていました。前にも述べたように、台湾での公学校は基本的に地域の住民と経費によって成立・運営していたので、廟など地域の中心にあってスペースがある所は、公学校を設置するのに最適な場所でした。台湾人児童が勉強する内容も漢文中心の読み書き教育から科目等がきちんと設定されている近代的な学校教育へと変わりました。この写真はその変化を忠実に映し出している一枚です。

書房へは、すべての子どもが通えるわけではありませんでした。お金持ちや経済的に余裕のあるお家の台湾人児童だけが学費を払って通っていました。また、当時の台湾社会は「男尊女卑」の考え方がとても強かったので、書房に通えるのも主に男の子でした。書房へ行って勉強するお金持ちの家の女の子はいましたが、本当に少人数でした。写真の中に縄飛びをしている女の子たちは纏足をしてなく、裸足で楽しく跳び

写真24　孔子廟の前で遊びながら授業を待つ台湾人女子生徒（秋恵文庫所蔵）

回っています。その姿は一般の女の子も普通に入学できる公学校が設置された以降のことだと思います。それでも、当時公学校生徒の構成を見ると、女子生徒の数は一般的に男子生徒の数より少なかったのです。特に農村部の公学校ではその差がさらに明らかです。一九二〇年代の台北にある孔子廟の前では、台湾人の女子生徒が何人も縄跳びをしているのはまさに近代教育が始まった象徴的な変化だと言えます。勿論、彼女たちが身にまとう服、髪型などはすべて台湾人児童の生活を物語っています。これからは衣、食、住、娯楽及び学校生活等の面から、台湾人児童の生活と教科書の中に描かれている様子を見ていきたいと思います。

1 「衣」——教科書に描かれる台湾人児童の服装

現代では、国や民族を代表する特別な伝統服装以外に、世界のどこへ行ってもみんな基本的に同じような服を着ていますよね。このような変化は人類の長い歴史から見れば、実はごく最近の出来事です。もちろん、昔の台湾人も日本の和服と違う服を着ていました。植民地統治が始まった当時の台湾人が着ていた服は漢民族の服装を改良したもので、日本統治時代では「本島服」と呼ばれていました（以下は区別のために「台湾服」に統一）。第一期の『台湾教科用書国民読本』の挿絵に描かれている台湾人男女はみんな台湾服を着ています（写真25、26、27）。

この時期の教科書は台湾にもともと存在する文化を温存する方針がとられていましたので、当時台湾の人びとが着ていた服装も髪型もそのまま挿絵になりました。まず写真25の男の子たちを見てください。男の子たちが上半身に着ている長めの服は「長《デン》

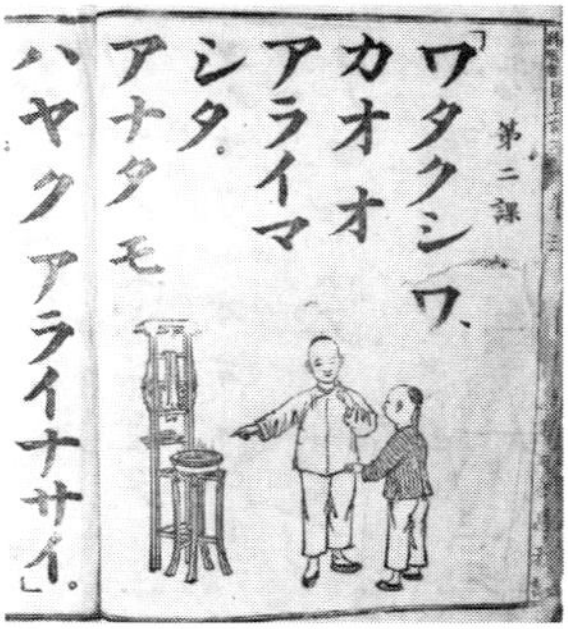

写真25　顔を洗う兄弟（一期巻二）

写真26　台湾家屋の居間と家具（一期巻二）

衫《サー》」といいます。その下に履いているのは短めのズボンです。台湾の暑い気候に対応するために、服のデザインはゆったりしていて、体にくっつかないのが基本でした。

髪型に関して、清朝の領地だった台湾なので、男子は基本的に長い弁髪でした。女子の場合はいろいろおしゃれな髪型がありますが、基本的は髪の毛を全部まとめています。また、子どもの場合は、先ほどの写真のように、三つ編みの場合もあります。昔の台湾人のマナーでは、長い髪の毛をそのままおろして出歩くのはとても失礼なことでした。そして、台湾は亜熱帯気候で1年中温かく夏はとても暑いのです。昔は現代のように水道水などもなく、井戸や川から水を汲んでこないと体を洗うことが出来ません。体や髪の毛を洗うのも数日に1回のことでした。本土から来たお風呂の大好きな日本人たちの目からすれば、台湾人の衛生習慣は決して良いとはいえなかったのです。特に女の子は毎日髪の毛を洗えないので、特殊な植物のオイルで髪の毛をまとめておくのが一般的でした。

また、靴に関して、一部の子どもを除いて、台湾人の子どもたちは日常的にはあまり靴を履きませんでした。さきほどの孔子廟で縄飛びをしている女の子たちのことを思い出してください。台北の公学校でもみんな裸足でした。実は、みんなは靴を履かないと言うより、貧乏で靴を買ってもらえない子どもも多いと思われます。特に農村部の子どもたちは、たとえ買ってもらえても、履くのがもったいなくて、その靴を持って（首からぶら下げたりもするそうです）登校し、学校に入るときにだけ履くという思い出話もよく聞きます。彼らは裸足で走り回って、畑仕事のお手伝いも遊ぶのも裸足のままでした。

写真27　きれいな髪型と服を着る台湾人の女の子（一期巻三）

写真28　字を書く兄弟（三期巻二）

日本の植民地統治と洋服の影響を受けて、台湾人の服装も徐々に変わっていきました。写真の28と29を見てください。写真28は第三期の『公学校用国語読本』巻一の挿絵です。写真29は第四期『公学校用国語読本』巻一の同じテーマの教材です。教材の例文と挿絵の構図はまったく同じでしたが、主人公たちの身だしなみや家の家具などには大きな変化がありました。第三期の教科書までは、子どもたちの服装や髪型から一目で台湾人か日本人かの区別がつきます。第四期の『公学校用国語読本』からはさらなる内地化が方針とされていて、台湾社会（特に台北などの都市部）にも洋服が徐々に広まってきましたので、教科書に描かれている子どもたちの服もほとんど洋服や制服になりました。教材の中の人名や一緒に描かれている親兄弟もしくは背景の建物や家具を見ないと、台湾人の子どもかどうか一目ではわからなくなりました。一部国定教科書から取り入れた教材も、挿絵で書かれている着物の人物を洋服に変えて、そのまま台湾で使われたものがありました。例えば、写真30の「とけい」という国定教科書から採用した教材では、国定版の挿絵は和服で畳の部屋に座っている家族でしたが、台湾版は洋服を着て、台湾の伝統的なテーブルとベンチに座っている台湾人家族の姿でした。

　洋服の普及状況については、一九四二年年末に開催された皇民奉公会主催の「生活科学展」に一部の記録が残されています。台北市在住の台湾人と日本人の持ち服に関する調査では、台湾人男性の六六％は洋服、二六％は和服、八％は台湾服を持っています。台湾人女性は洋服が五八％、和服が一六％、台湾服が二六％です。日本人男性の場合は洋服が五三・八％、和服が四六・二％で、女性は洋服が三四・七％、和

写真29　字を書く男の子と女の子（四期巻一）

写真30　台湾人の家族（四期巻一）

服が六五・三％です。それと同時期の日本本土の住民が持つ洋服の割合について、男性は洋服が四一・一％、和服が五八・九％であり、女性は洋服が一九・三％で、和服が八〇・七％だそうです。

また、台湾台北の繁華街で行った調査では、男性は年齢層を問わず、洋服を着用している人が最も多かったのです。国民服や標準服を着る人もいます。女性の場合は、特に若い女性が洋服を好み、中年以上の女性は和服を着るのが多かったのです。一九四〇年代では、台湾の都会地ではすでに洋服がある程度普及していて、本土より着る人が多かったのです。日本の伝統的な和服だけが、台湾の暑い気候や習慣の影響もあって、最終的に台湾で普及することはなかったようです。

2 「食」——教科書にみる台湾人の食生活

①台湾人の食事

よく聞く昔話ですが、日本統治時代初期の公学校の先生が最も困ったのは、昼頃になったら、せっかく学校に集まってきてくれた生徒たちが自宅へ帰ってしまうことでした。なぜなら、台湾人は基本的に冷めた食事を口にしないので、弁当もありません。昼ごはんはいったんお家に帰って食べますが、そのまま学校に戻ってこなくなることも多かったそうです。もちろん、それは台湾の気候や食べ物の特徴によるものでもあるのですが、それほど食事の面においては、当時の日本と台湾は違っていました。

日本統治時代における台湾の日常生活や慣習等についての研究によれば、台湾にはおにぎりを作る習慣がありませんでした。食事を持ち運ぶときは「鹹飯《ギャンバン》（味をつけた飯）

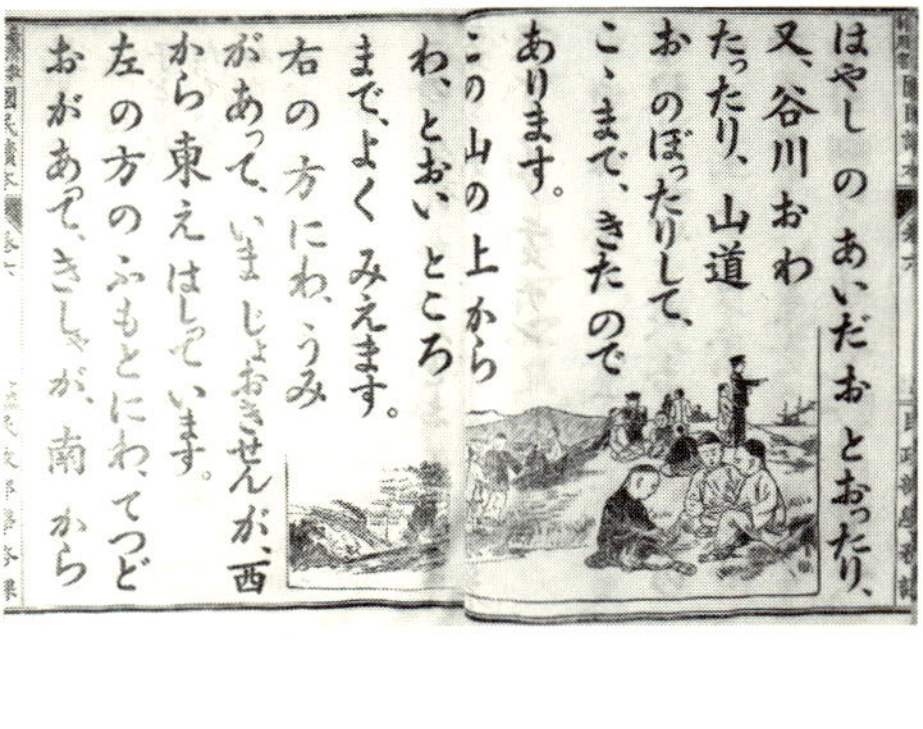
はやしの あいだお とおったり、
又、谷川おわ たったり、山道
おのぼったりして、
こゝまで、きたので
あります。
この山の上から
わ、とおいところ
まで、よく みえます。
右の方にわ、うみ
があって、いまじょおきせんが、西
から東え はしっています。
左の方のふもとにわ、てつど
おがあって、きしゃが、南から

写真31　公学校生徒の遠足。弁当は葉っぱで包み、靴はぞうりでした（一期巻六）

を芭蕉、笹、連蕉（カンナ）等の葉に包んで持ち歩いたそうです。これが昔の台湾風の「お弁当」でした。その様子は教科書にも描かれています。写真31の「遠足」という教材の挿絵では、右下の台湾人生徒が食べているは笹の葉っぱで包まれている丸い食べ物です。その丸い食べ物は何なのかわかりませんが、このように食事を持ち運んでいるのは確かでした。

このようなやり方は一九二〇年代頃まで台北等の地域でもまだよく見られましたが、その後は徐々に日本風の弁当箱に入れるようになったそうです。また、一九四〇年頃には「飯仔層《バンアサン》」といわれる何層か重ねて使うお弁当箱が流行っていたそうです。この「飯仔層」というのは高さ約三〇センチほどの丸い筒型のもので、三層もしくは四層重ねて使います。ご飯とおかずは別々に入れることが出来て、上に柄がついているので、手で下げて持ち歩けます。数人分の食事を持ち運ぶことができるそうです。

今でも、台湾の人は冷えたものを食べるのが嫌いです。よくツアー旅行で日本へ観光に来る台湾人観光客もホテルや旅館で冷たいおにぎりや冷えたおかずが添えられているお弁当、定食が食事に出されたら、クレームがつくそうです。

しかし、これほど台湾人の食事と日本人の食事は大きな差があったものの、台湾の国語教科書には台湾人の食事に関する具体的な記述がほとんどありませんでした。その一方、台湾人の子どもがお母さんと一緒に食事を用意して、台所で手伝うシーンや、一家団欒で食事をする場面がよく国語教科書に登場します。

写真32では、古い台湾家屋と食卓の様子が描かれています。当時の台湾人は食事をするときは写真32のような八仙卓という少し高めのテーブルを囲んで食べます。座っ

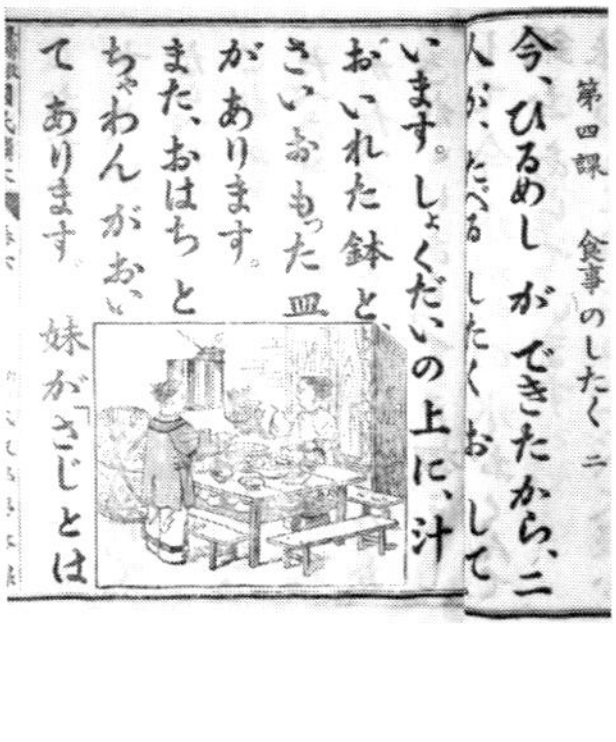
第四課　食事のしたく　二
今、ひるめし が できたから、二
人が、たべる したく お して
います。しょくだいの上に、汁
おいれた鉢と、
さいおもった皿
があります。
また、おはち と
ちゃわん がおい
て あります
妹が「さじとは

写真32　昔の台湾の食卓とベンチ（一期巻六）

ている腰掛は背もたれのない長めのベンチです。日常の食事は基本的に粗食であり、特に農家の場合は甘藷（さつま芋）を加えた米飯もしくはおかゆと漬物のみの組み合わせです。祭祀日の時にだけ鳥肉や豚肉、魚などの御馳走が食卓に並びます。慣習上、食事をする時はまず家族の男性が食べてから、次に女性が食事をとるのが原則でした。当時の記録によれば、台湾では普段、夫婦あるいは親子がともに食卓を囲んで一家団欒で食事をすることはなかったといいます。つまり、教科書の挿絵のような光景は、実際の台湾人家庭ではあまり見られないものだったとのことです。唯一、旧暦の大晦日の晩御飯だけは「囲炉《ウィーロ》」といって、家族全員がそろって食卓を囲んで食べます。

もちろん、今の台湾では日本と同じように家族がそろって食べるのが普通ですが、昔は男女別べつに食事をとっていたことは私も確かに小さい時に聞いたことがあります。しかし、日本人が編集した国語教科書に出てくるのは一家団らんの食事のシーンばかりでした。このように、当時の台湾社会の習慣や家庭事情は、教科書に描かれているものとは完全に一致しているわけではないのです。

続いては教科書に登場しない台湾人の食べ物に対する好みについての話です。先ほども触れた一九四二年の「生活科学展」では、日本人と台湾人の学童と女学生の食べ物に対する好みの調査記録が残されています。この記録によれば、台湾人の児童や女学生が好きで、日本人が好まないのは大麵（中華めんに似ている）、家鴨、肉まん、シュウマイと肉入りのちまきです。日本人が好きで、台湾人が嫌うのは玉ねぎ、トマト、牛肉と牛乳などがあります。台湾人も日本人が共に好きなのはさつま芋、すし、豆腐、油揚げ、南京豆、鯛、豚肉と天ぷらですが、共に嫌いな食材は苦瓜、にんじんとどじょ

写真33　台北近郊の水牛（台湾協会所蔵）

うでした。

　実は台湾人は生もの以外に、牛肉を食べる習慣もありませんでした。それは宗教上の理由もありますが、牛は農業生活を中心に営んでいる台湾人にとってとても大切な財産でもあります。畑仕事はもちろん、荷物を運んだり、売買によって現金に変えたりする等、とても重要な収入源です。そのため、台湾の人は牛肉を食べるどころか、牛を大切にしなければなりません（写真33）。教科書の中にも必ず牛など家畜の教材が入っています（写真34）。

　現代の台湾は日本と同じようにとても豊かになっていて、食用の牛肉も普及していますが、宗教や古くからのしきたりだという理由で牛肉を食べない習慣を守っている台湾人のお年寄りや家庭はまだたくさんあります。私も小さい頃は牛肉を食べるのを禁止されていました。

　それから、台湾には今でも日本統治時代から残されてきた日本の言葉、食べ物や食事の習慣がたくさんあります。例えば、日本語のお弁当という言葉はそのまま台湾の言葉で便當となって使われています。お味噌や小豆のあんこもそうです。小さい時はよくお母さんに頼まれて、近所の八百屋さんにお味噌を買いに行ったり、お祖父さんと一緒に大好物のあんこの最中を食べたりしていました。朝ご飯には豆腐、カツオと煮干しのみそ汁をちまきと一緒に食べます。のり巻きやいなりずしを朝ご飯にするときもあります（写真35）。学校帰りのおやつは帰り道にある屋台で売られている台湾風の「黒輪《オレン》（おでん）」（写真36）でした。これらの日常生活でよくみる食べ物は日本統治時代から残されてきたものだと知ったのは、大人になってからのことでした。

写真34　台湾家屋と豚、牛などの家畜（四期巻二）

写真35　現代台湾の屋台で売っている日本のお寿司

写真36　現代台湾にあるおでん屋さん

写真37　台中魚菜市場の売店（「南陀の風物」第一号、台湾協会所蔵）

写真38　彰化菜市場―統治初期台湾の屋台風景（台湾協会所蔵）

写真39　統治初期台湾の市場（「南陀の風物」第一号、台湾協会所蔵）

②台湾の「市場」

次は台湾の食生活に深くかかわっている「市場」の話をしたいと思います。まずは植民地統治が始まった頃の台湾の市場の様子を見てみましょう。

写真37、38に映っているのは植民地統治初期の一九〇二年頃、市場で食べ物を売っている台湾人の姿です。写真39は食べ物屋さん以外の建物が集まっている通りの写真です。簡易なテントを張っているのもあれば、露天で商売をやっている人もたくさんいます。実は植民地統治初期の台湾の市場は道に沿いに屋台店を展開し、道路の大部

分を塞いでしまうありさまだったといいます。当時の台湾には衛生観念がなく、不潔でハエがいっぱい飛んでいて、売られているお菓子に集まって止まると、真っ黒な菓子ではないかと思われるほど不衛生な状態でした。その様子は一九四〇年代には大きく改善され、レンガ建の立派な市場が所々に建てられるようになりました。しかし、それも一部の都会だけだと思われます。特に台北などで日本人を相手に商売をしている店や屋台は確かにきれいになりました。しかし、それは台湾全島がそのようになっていたのではないと思います。

写真42　教科書の中の市場（三期巻六、個人所蔵）

一方、教科書に出てくる「市場」を見てみましょう。台湾の国語教科書には第一期から市場の挿絵が出ています。写真40の市場は遠足の帰りに皆で通った市場の様子です。その光景は写真39に写っている店がたくさん並んでいる通りの感じに近いものの、挿絵ではある程度美化されて描かれているのがわかります。

写真の41と42は第三期の教科書に登場した市場の挿絵です。この時期は台湾の衛生状況もある程度改善されて、市場も少しきれいになってきました。この2枚の挿絵に登場する市場は立派なもので、和服の女性も登場しています。見るからに都会地や比較的に進歩している地域の市場です。どちらも台湾人の屋台形式の

写真40　教科書の中の台湾のお店（一期巻六）

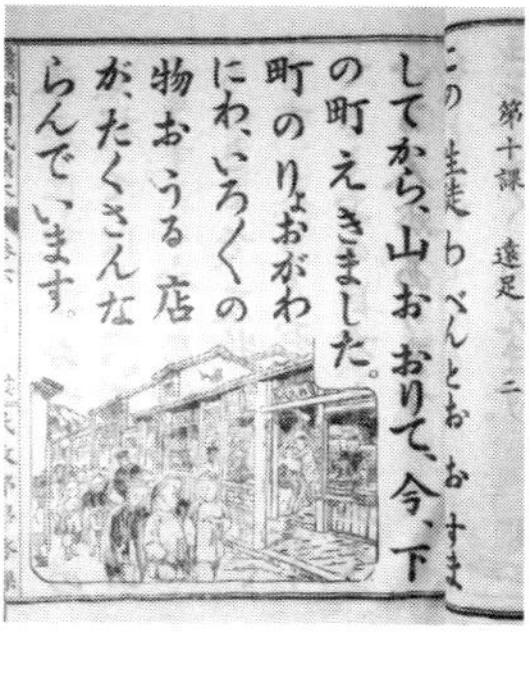

写真41　年の暮れの市場（三期巻六、個人所蔵）

ものではなく、ちゃんとした建物に入った店が中心となります。農業社会であった台湾ですが、市場は生活を支える重要な存在でした。市場の様子とそこに起きた変化も忠実に台湾の発展を物語っています。

３「住」——昔の台湾のお家はどんな感じだろう

台湾は亜熱帯に位置しているので、暑さを防ぐために、伝統的な台湾の家屋は直射日光をなるべく遮断するという方針で建てられていました。窓も防犯などの理由で小さく作られていたので、結局屋内はとても暗くなり、風通しも非常に悪く、湿気がたまってしまうため、病気のもとにもなりました（写真43）。一方、日本人の考え方は台湾人と違って、風を通すことで涼しくするので、大きい窓のある明るい家を建てます。台湾の伝統家屋を改善・改良するために、公学校の教科書にも大きな窓のある家の挿絵（写真44）や「僕の家の窓」（写真45）のような教材が取り入れられました。従来衛生面や健康への影響が問題とされてきた台湾の家の建て方も注目されるようになりました。

第四期国語教科書の編さん要旨によれば、「僕の家の窓」を教材として採用した目的は「家屋に対する考を正しくする。習俗改良の一助である」としています。特にその頃台湾の伝統家屋を改造することが急務とされていて、衛生面からみても窓を大きくして風通しや明り取りをよくすることが重要なので、教材のポイントとなっていました。第五期の国語教科書にもこの教材が変更なしで採用されていました。その内容は次の通りです（「僕の家の窓」第四期巻六第二十一課）。

写真43　台湾風のベンチと家。右上の細長い部分は窓（三期巻四）

「僕の家では、昨年の暮、窓を大きくしてガラス戸にした。それで、僕とおばあさんの居間になっているへやは、大へん明かるくなった。雨が降っても、今までのように暗くはない。おばあさんは、窓ぎわで着物をぬひながら、「へやが明かるくなったので、三ちゃんに頼まなくても、針に糸がとほせるよ。」と言って、お笑いになった。

窓からは、外のけしきがよく見える。窓のすぐ前には、おじいさんがお植えになったという大きなザボンの木がある。花がたくさんさいているので、よい香りが流れこんでくる。

写真45　僕の家の窓（四期巻六）

其の向こうは広い田んぼで、二週間前に田植えがすんだばかりだ。田んぼの中に、となり村へ行く道があって、新芽の出た川柳の並木が続いている。昨日は、この道を、およめ入りの長い行列が通った。今日は、石運びの牛車が、何だいも何だいも、続いて通っている。

天気のよい日には、向こうの山に、炭焼の煙が立上るのが見える。あの山のあちらがはには、おばあさんの生まれた村がある。いつか月のよい晩に、おばあさんは、「あの山の上の月を見ていると、おばあさんの子供の頃の事が思い出される。」とおっしゃっ

写真44　教科書に描かれている大きな窓のある台湾の家（三期巻二）

た。

夏になったら、此の窓から、涼しい風が吹き込むだろうと思っている。」

この教材の内容はこれまで台湾家屋の暗くて湿気がたまっているイメージを一新したものです。台湾の伝統の家屋様式に関して、実は大正時期から台湾家屋が持つ極端に窓を狭小にして、通風を阻害し、日光を遮断してしまう弊害が指摘されていました。衛生上にも問題が多かったとの意見が出ています。台湾における衛生思想の普及や保健衛生に関する指導をいくら努力しても、住居から徹底的に解決しないと成果が出せないと言われていたほどでした。

もともと、台湾の家屋が窓を小さくした主な理由は泥棒防止のためでした。それが家の風通しと日当たりを極端に悪くしてしまったのも事実でした。一九二二年に台中州では、台湾の伝統家屋を改善して、出来るだけ窓を大きくし、明るくて衛生的な建築様式に改良するために、今後新たに家を建てる時の規制を厳しくしました。これをもって、「従来非衛生的な家屋」を徐々に改善していくと宣言しました。それで家の建て方からの衛生改善策が注目され、国語教科書にも関連教材が取り入れられ、幼い時から教育を通して台湾人の考え方を変えようとしたのです。

4 娯楽——台湾人児童の遊び

昔、農業社会が中心だった台湾の娯楽生活は退屈なものでした。一番の楽しみになる娯楽は神事にかかわる様ざまな催しや布袋戯《ボーデヒー》（人形劇）、お芝居、講古《ゴンゴー》（落語に相当す

＊皇民奉公会
大政翼賛の戦時体制の強化と台湾人の皇民化を推進するために、一九四一年に台湾総督府が「皇民奉公会」を設立しました。既存の地方組織に対応して、各州、庁、市、郡、街、庄に奉公会の支部、分会、区分会、集落会、奉公班等が設置されました。それ以外にも奉公団、商会奉公会、産業奉公会、青年団、少年団などが設けられ、台湾の人々はほぼ全員皇民奉公会もしくは関連の組織に所属していました。

るもの）だけでした。これらのお芝居や地域の廟で行われるお祭りが一般台湾民衆の唯一の娯楽でした。多くの台湾人が芝居好きで、戦争期や統治が強化された時期においては、皇民奉公会*などの教化団体もその点を利用して、演劇などを通して政策の宣伝をしていたほどでした。

子どもたちも大人たちと同じようにお芝居やお祭りが大好きです。第三期の国語教科書からはお芝居の台本やお芝居にできるような教材が国語教科書に取り入れられるようになりました。日本語を勉強しながら、教材の台本でお芝居をしたりすることもできます。しかし、台湾の「廟」や神事の時に神にささげる「お芝居」をみるのが年に数回しかない、数少ない娯楽の一つですので、普段はみんなで一緒にゲームをしたり、魚釣りや大自然のものを利用して遊んだりしていました。

台湾人の子どもたちの遊び（遊戯）は日本の子どもたちのとは少し違っていたようです。国語教科書の中に一番よく出てくる定番の遊戯教材は「ハシラオニ」です。また、同じ巻に魚釣り、竹細工、シャボン玉などの教材もあります。実際の生活ではあまりお金が掛からない、道具などのいらない縄飛びなども人気のようでした。

まずは「ハシラオニ」を紹介しましょう。写真46と47は第一期と第二期の教科書に描かれているハシラオニをしている子どもたちの姿です。絵には長い弁髪の台湾人の男子生徒が描かれていて、台湾人がよく着る長めの長衫を着ています。教材に出てくる子どもたちの名前も台湾風の名前です。挿絵の描き方には違いがありますが、基本は似たような構図です。唯一違っていたのは、その柱となる木です。第一期の挿絵では普通にみられる数本の木が描かれていますが、第二期になると、子どもたちは台湾

写真46　ハシラオニ（一期巻三）

写真47　藤棚の下のハシラオニ（二期巻三）

風の服装のままで、藤棚の下でゲームをすることになりました。台湾の気候などから考えれば、藤の木というのは今でも決して台湾で一般的に普及している植物ではありません。藤の木は日本の歴史や文化を代表する植物の一種であり、それを取り入れたのも意図的なものだと思われます。次は教材内容からゲームのやり方を見てみましょう。

「ミナサン　オイデ　ナサイ。コレカラ　ハシラオニ　ヲ　シマセウ。サア、クジ　ヲ　オヒキ　ナサイ。阿福サン　ガ　オニ　ニ　ナリマシタ。ミンナ柱　ニ　ツキマセウ。阿信サン　カハリマセウ。ハヤク　ハヤク。アラ、阿信サン　ガ　柱　ヲ　トラレマシタ。コンド　ハ、阿信サン　ガ　オニ　デス。サア、モウ　一度　ヤリマセウ」。

これを読んでみると、ゲームのルールは現代の「フルーツバスケット」に似ていますね。当時日本本土で使われていた国定国語教科書を探してみたが、同じハシラオニというゲームはありませんでした。

もう一つよく出てくる遊びの教材は「タコ」です。初学年段階の読本では単語として出てきますが、少し学年があがると凧作りや凧揚げする教材も出てきます。当時日本本土では、凧揚げはお正月の行事だとされていますが、台湾では気候の関係で一番天気が良くて風がよく吹く旧暦の九月が凧揚げの時期でした。国語教科書もこの時期に合わせて、凧や凧揚げに関連する教材をよく取り入れていました。教科書に描かれている台湾の凧揚げの様子を写真48、49で見てみましょう。

「阿義　ハ　竹　ヲ　細ク　ケヅッテ、タコ　ノ　ホネ　ヲ　ツクッテ　ヰマス。阿仁　ハ　紙　ヲ　切ッテ、ホネ　ニ　ハリツケマシタ。ソシテ、糸　ト　尾　ヲ　ツケマシタ。　二人　ハ　今　ノハラ　ヘ　キテ、友ダチ　ト　一ショニ、タコ　ヲ　アゲテ　ヰマス。風　ガ　ヨク　吹キマスカラ、ドノ　タコ　モ、モウ　アンナニ　高ク　アガリマシタ。アチラ　デモ　コチラ　デモ、ウナリ　ガ　ブンブン　ナッテ　ヰマス。」

台湾の凧は日本の凧とは違って、台湾独自の模様や形をしています。第三期の台湾国語教科書に、教材の主人公阿義と阿仁が作ったのは台湾でよく見かける「八仙」という形の凧でした。そして、教材の最後に凧がブンブンと鳴って高く飛んでいる様子が強調されていますよね。実は台湾人が凧をやるときに、単にのんびりと凧をあげて楽しんでいるだけでなく、必ずというほど「喧嘩凧」をすると言われています。教材に喧嘩凧などの記述を取り入れることはありませんが、凧がブンブンなる音が台湾人児童にとっての凧揚げの醍醐味ですので、それが忠実に表現されています。ちなみに、第四期以降の教科書に出てくる凧は日本と同じようなものになっていて、台湾独自の形をしている凧は教科書から見られなくなりました。

そのほかでは「かくれんぼう」（写真50）のようなゲームは、第五期の「コクゴ」にようやく初めて教材として登場しました。女の子向けの教材については、お人形を主

写真48　台湾様式の凧を作る子供たち（二期巻四）

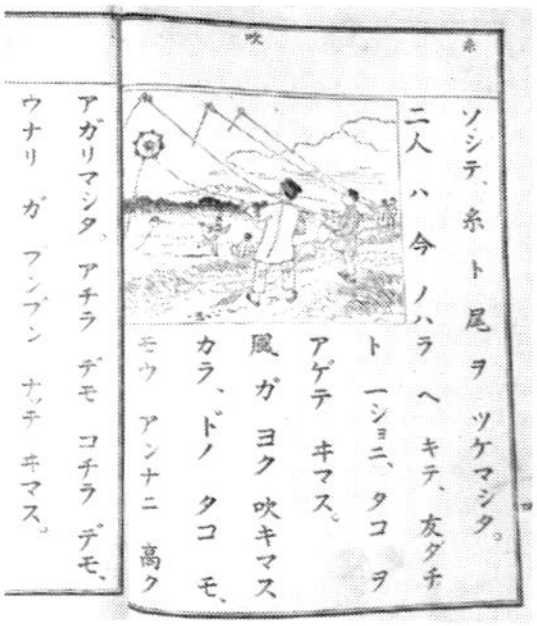

写真49　台湾の凧揚げ（二期巻四）

役にした「人形」やお人形ごっこがあります。しかし、第三期までの教科書に登場するのは決まって和服を着ている日本人の女の子が日本人形を持っているような内容です。第四期以降は、描かれている子どもたちの服装は大半洋服か制服のようなものになり、髪型も男の子が短髪で女の子がおかっぱなので、服装や髪形だけでは日本人か台湾人か区別が出来なくなりました。でも、お人形か積み木などのおもちゃで遊ぶ教材の主人公はやはり日本人の名前が付けられていることが多いのです。このような教材の数は少なかったのですが、各期の教科書には必ず入っている教材でした。

おもちゃや子どもの遊びがテーマの教材では、特に挿絵の背景から一般の台湾人児童だと判断できるような挿絵がつけられている場合、おもちゃは基本的に自分たちで作られる風車、凧、折り紙などです。そのほかにも材料のいらない遊び、例えば縄跳び（写真51）、影絵などがたくさん教材として取り入れられています。

実は、昔の台湾の子どもは日本の子どもみたいに午後におやつをもらったりすることがないので、欲しいものがあれば、親に言ってお金をもらって買っていました。その金額はだいたい一銭ぐらいです。お祭りの時にだけはまれに二銭、三銭くれます。当時の一銭といえば、ピーナツやちょっとしたお菓子を一握りぐらいしか買えない金額なので、あまりおもちゃや遊ぶためのものにお金をかけることが出来ません。一九三〇、四〇年代以降は台湾の経済発展に伴って物価も高くなり、都会のお店ではきれいなおもちゃが売られるようになりました。しかし、一般の台湾人児童、特に田舎の子はお人形などの高価なおもちゃで遊ぶのは相変わらず縁の遠い話でした。ちなみに、写真52では、台湾人の子どもが親からおやつをもらっているシーンが描かれて

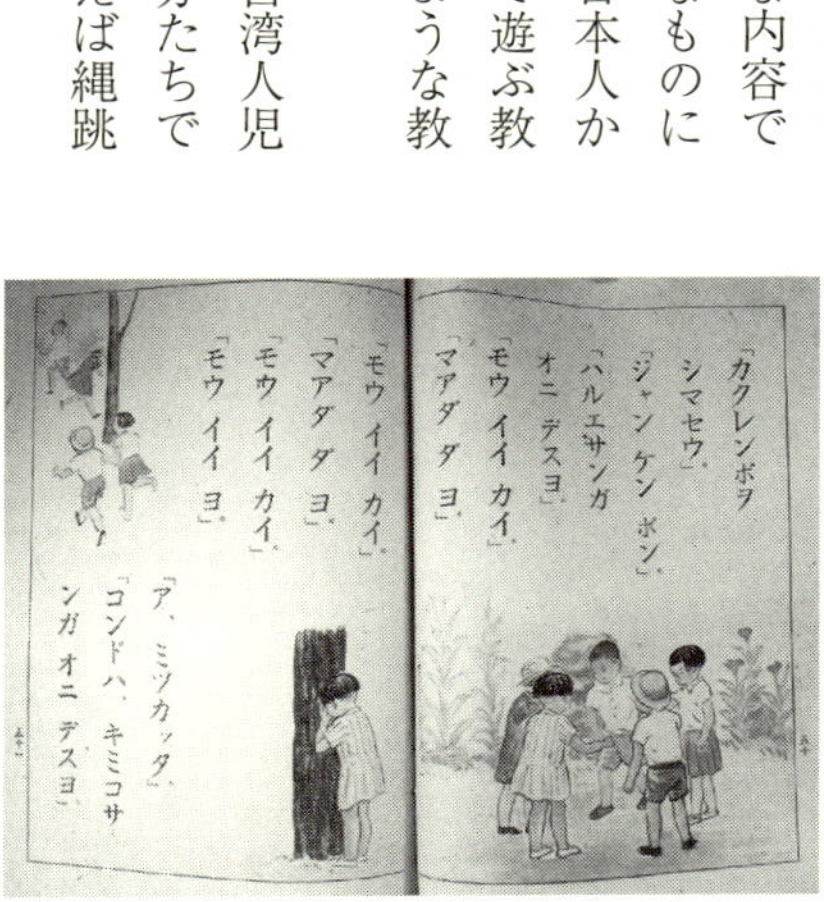
「カクレンボウ
シマセウ。」

「ジャン ケン ポン。」

「ハルエサンガ
オニ デスヨ。」

「モウ イイ カイ。」

「マアダ ダ ヨ。」

「モウ イイ カイ。」

「マアダ ダ ヨ。」

「モウ イイ ヨ。」

「ア、ミツカッタ。」

「コンドハ、キミコサ
ンガ オニ デスヨ。」

写真50　かくれんぼう（五期コクゴ一）

ハナコサン ガ、
ニハ デ
アソンデ キマス。
ネエサン ガ
ヨビマシタ。
「ゴハン デス ヨ」
写真51　制服で遊んでいる子供たち（四期巻一）

いますが、実際はそのような台湾人家庭はあまりなかったと思います。
また、台湾人児童の伝統的なゲームや遊びについてですが、大きな特徴として、何かの筋書きがあってお芝居の要素を入れながら、子どもたちでそれぞれの役を演じてゲームを進めていくものが多いです。特に商売ごっこのような設定がよく見られます。お芝居の要素が多いのは、先ほどもいいましたように、台湾人の生活には娯楽がとても少なく、年に数回のお祭りの時に見られるお芝居がとても重要な娯楽だったからです。台湾人がお芝居を大好きなのは、台湾の独特な民間信仰と社会文化による影響だと思われます。

例えば、台湾のお祭についての調査によれば、当時の台湾社会では「お祭と芝居」の二つの事柄を別々に切り離して考える事ができないと断言しています。昔の台湾でいう「芝居」は「大戯《トウアヒー》」（写真53、台湾伝統の演劇）と言って、台湾の伝統的なお芝居です。日本の歌舞伎ほどではありませんが、メークをしてちゃんとした衣装を着た役者が演じるものを指します。もちろん、布袋戯（人形芝居）や皮戯《プェーヒー》（影芝居）もありますが、大戯に比べれば、これらは地味だと思われています。布袋戯は田舎の廟のお祭りの時か、部落単位で開催されるお祭り、もしくは個人宅の庭先でやる謝願戯《シャクアンヒー》に利用されることが多いのです。皮戯は廟の前の広場（写真54）で送神戯《サンシンヒー》（旧暦一二月二一日）や接《ジャー》神戯《シンヒー》（旧暦一月四日）として上演されることが多かったのです。

しかし、廟の縁日など、重要なお祭りの場合は「大戯」でないと人気がないのです。当日は普段都会の市場や盛り場で都会の子どもを相手にしている行商人もこの日には集まってきます。お菓子やおもちゃを売る人や、ゲームのできる商売をする行商人が

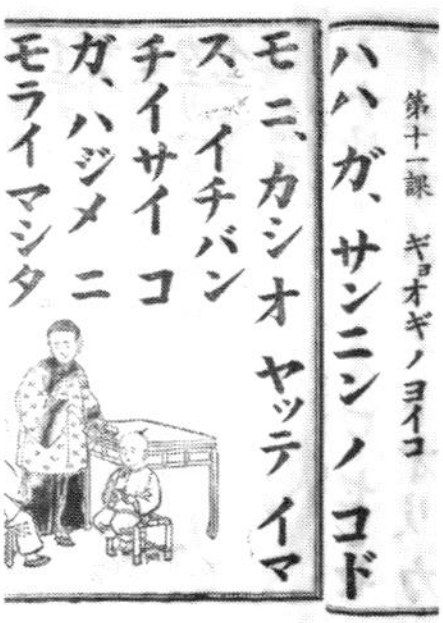

第十一課 ギョオギノヨイコ
ハハ ガ、サンニン ノ コド
モニ、カシオ ヤッテ イマ
ス。イチバン
チイサイ コ
ガ、ハジメ ニ
モライマシタ

写真52 教科書に描かれた「子どもたちにおやつをあげる台湾人の母親」（一期巻三）

写真53 芝居の役者（「南陀の風物」第一号、台湾協会所蔵）

たくさん来てくれます。子どもたちにとってはとてもワクワクする重要な行事となりました。このような廟のお祭は台湾の伝統的な行事ですが、国語教科書に登場したのは第三期教科書巻五の十五「おまつり」があります。教材の挿絵に描かれている神様を実際のお祭りの写真と見比べてみてください（写真55、56）。そっくりですよね。次は教材の内容を読んでみましょう。

「だいどころの方では、きのふからごちそうをこしらへるので、大そういそがしさうです。町も人出が多くて、なか〳〵にぎやかです。お祭はひるからはじまるので、私は二時ごろから、弟をつれて見に行きました。向ふの方でどん〳〵とたいこの音がします。じやんじやんとどらの音も聞こえます。急いでかけて行くと、もうお祭の行列がやつて来ました。からだの幅のひろい、色のまつくろな人形が、うちはをつかひながら、あるいて来ます。つゞいて見上げるやうな、せいの高い人形が、のそりのそり大またにあるいて来ます。かほをさま〴〵にぬつた何十人もの一組が行くかと思ふと、いろ〳〵のかざりをしただしが、いくつも〳〵通ります。身うごきも出来ないほどおしあつてゐる見物人は、「あれ〳〵。」とさわいでゐます。その中にみこしが見えました。両がはの家ではぱち〳〵とばく竹を鳴らします。みこしのあとには大ぜいの人がお供をしてゐます。香を持つた人もゐます。はたやちやうちんを持つた人もゐます。私どももあとについて、町の曲りかどまで行きました。それから分れて廟へおまゐりすると、あたりには物を売る店がならんでゐて、大きなこゑでお客を呼んでゐます。廟の中はおまゐりの人で

写真54　現代台湾の廟

写真55　台湾のお祭（三期巻五）

こみあつてゐます。せん香をあげてゐる人もあれば、ひざをついて拝んでゐる人もあります。廟のわきには見物人がたくさんあつまつてゐます。もうしばゐがはじまるのでせう、かねの音ががん〳〵と鳴りひゞいてゐます。」

このように、子どもの視線から台湾のお祭の様子が述べられています。日本風のお祭を説明するより、これが台湾の子どもたちが本当に実生活で見ているお祭です。もちろん、ここで台湾式のお祭と日本式のお祭の違いを説明することもありません。この教材も台湾現地の文化をそのまま教材として取り入れた貴重なものです。しかし、第四期の教科書以降はこのような台湾のお祭りに関する教材がめっきりなくなり、日本の神社や祭りを述べるものだけになりました。例えば第四期巻二のお宮のお祭をテーマとする教材では、既に内容も挿絵も日本のものとなりました（写真57）。

5　台湾人児童の学校生活

国語教科書に描かれている児童の日常生活は、学校の中のことよりは学校の外の生活を描くものが多くありました。家庭の中や放課後、休み中のシーンがよく出てきます。逆に学校の中で行われる行事はあまり教材として取り入れられていません。学校で起きているシーンはおおむね教室での授業風景や朝礼の様子、校庭で遊ぶシーンなどが中心でした。第三期以降は運動会の教材も採用されるようになりました。学校朝礼の大きな立派な写真を採用したのも第四期の教科書が初めてです（写真58）。

授業の風景についてですが、授業シーンの挿絵は第一期の教科書からあります。

写真56　写真55に描かれている神様の実際の写真。

写真57　お宮のお祭り（四期巻二）

写真58　公学校の朝礼（四期巻一）

その時台湾の統治状況はまだ安定しない時期でしたので、学校の先生は制服を着ているのが普通です。しかし、生徒さんの姿は全員短髪で和服もしくは制服に類似する服を着ています（写真59）。これは総督府が望む理想的な授業風景だったのでしょう。実際の台湾人生徒の姿がその次のページの応用部分に登場します（写真60）。それは長い弁髪で台湾服の姿でした。

それから、第三期の教科書になると、教室だけではなく、先生と子どもたちが立ち話をするシーンまで描かれるようになりました（写真61）。注目してほしい点は、子どもたちが着る服は和服と台湾服の両方が存在することです。実際の公学校では、日本人と台湾人の共学はなかったので、和服を着ている子どもはおそらく台湾人です。内地化、すなわち日本化がすすめられる中、挿絵の中の服装・生活様式も徐々に台湾色を減らし、日本人と同じように変わっていきます。同じ傾向は挿絵の台湾人生徒の髪型からも見られます。一九二〇年代になると台湾ではお年寄り以外、長い弁髪の台湾人はすでに男女問わずめっきり減ったそうです。

次は運動会の教材です。公学校を運営する基準となる公学校規則の中に、生徒の体を鍛えさせて健康を大切にする規定があります。学校で運動会を行うのは、そのための重要な一つの行事でした。昔の台湾には学校も運動会もありませんでした。最初に

写真59　統治初期の授業風景（一期巻三）

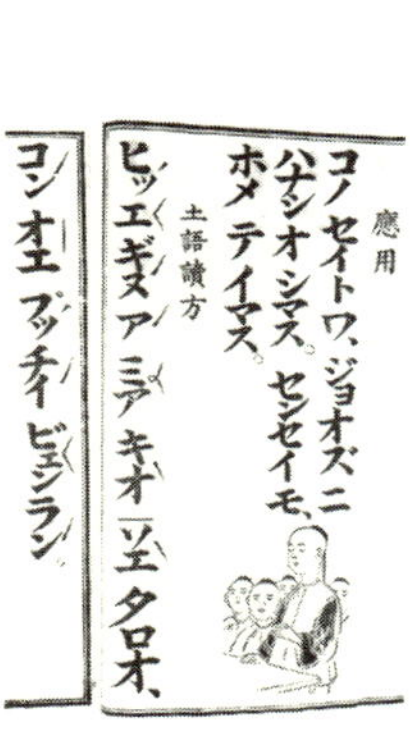

写真60　統治初期の台湾人の生徒（一期巻三）

写真62　台湾人生徒の運動会（三期巻二）

教科書に出てくる運動会の教材は第三期教科書巻二の五「ウンドウクワイ」です。写真62をご覧ください。台湾服を着ている生徒たちが一生懸命に綱引きをしていて、学校の先生たちもいて、横には台湾服を着ている保護者の姿を描かれています。もう一枚（写真63）は第四期教科書巻二の挿絵です。第三期とは違って、一年生が円になってお遊戯をしていて、女性の先生が横で見守っている様子が描かれています。

これらの挿絵で私が注目したポイントは二つあります。一つは、生徒たちの足です。第四期の挿絵にはみんなちゃんと靴を履いているのですが、第三期の挿絵に足の部分は描かれていませんよね。実際の公学校の運動会の写真（写真64）を見てみましょう。これは一九三九年台北大橋公学校の卒業文集に載っている写真です。みんな裸足で競技をしていますよね。もう一枚の台北の太平公学校の写真（写真65）でも、男女生徒は全員裸足で体操をしています。前にも台湾人児童の靴について話しましたよね。このような風景は今はもう見られないのですが、当時の台湾人生徒たちの元気な姿が目に浮かびます。

二つ目に注目したのは保護者の見学です。第四期の「ウ

写真61　公学校の先生と生徒が立ち話をしているシーン（三期巻二）

写真63　運動会の挿絵（四期巻二）

写真64　公学校で体操している様子（台北太平公學校、秋恵文庫所蔵）

写真65　運動会（一九三九年三月台北市大橋公學校第十回卒業紀念、秋恵文庫所蔵）

ンドウクワイ」にも「ケフハ、ウンドウクワイデス。ケンブツニンガ、タクサン　キテキマス。イマ、一年生ガ、ハトポツポノ　イウギヲ　シマシタ。ヒトリモ　マチガヘナイデ、ジャウズニ　シマシタ。ケンブツニンガ　手ヲ　タタイテ　ホメマシタ。」と述べられています。しかし、昔の台湾社会では親が仕事や畑の作業で忙しいので、学校へ行ったり、運動会を見学したりする話はあまり聞かないのです。ここに描かれているのが実際の状況なら、都会地や相当教育に関心を持つ地域に限定されるものなのではないかと思います。

それから、子どもに関わる日本の伝統行事について話したいと思います。実は台湾の国語教科書では、子どもの日に鯉のぼりをあげたり、お雛祭りにお飾りをしたりするのは自分の家でではなく、公学校で行われる行事になっています。このように、普通は日本の家庭で行う伝統行事が、まったく文化が違っていた台湾人の一般家庭に浸透することは、植民地統治期間が終わるまでありませんでした。でも、日本の伝統や文化を台湾の子どもたちに教え込む必要があるので、それを教材として取り入れています。したがって、教科書の中で鯉のぼりやお雛壇が飾られるのは家の中ではなく、学校でした。それを台湾人生徒が集まって、先生と一緒に眺めている挿絵もつけられています。台湾の文化と日本文化を折衷したやり方が取られています（写真66）。

四　国語教科書にみる都市と農村

ここまで挿絵や教材の内容から台湾人児童の生活を見てきましたが、ここでもう一つ教科書を通してみてみたい課題があります。これは植民地台湾の都市と農村における教育の格差問題です。前にも説明しましたが、経済的利益を植民地統治の主な目的としていた総督府は、台湾の鉄道やダム建設等インフラの整備を行い、農産物の生産や工場建設などの経済開発を行いました。それと同時に、台湾で近代的な学校を作り、経済開発の目的に合わせて教育を施してきました。しかし、経済活動や交通の整備が進むにつれ、台湾社会と一般民衆の生活、そして学校にも様ざまな変化と問題が現れ始めました。実際、一九三五年頃、公学校第四期国語教科書の編集にあたり、当時の

写真66　台湾公学校の中のお雛祭りのお飾り（四期巻四）

担当編集者加藤春城もこの問題を意識して、都市と農村の公学校を視察したほどでした。

1　どうして公学校に「都市・農村」の問題が起きるのだろう

日本統治前の台湾では、台北・台中・台南を中心に、それぞれ独立した市場圏（生産・販売等の経済活動が一定の地域ですべて完結できるエリア）が存在していました。台湾の南部から直接北部へ、もしくは北部から直接南部への物流ルートが存在していなかったのです。

植民地統治が始まってから、総督府は台湾西部に鉄道の大動脈となる縦貫線から、末端に設置されている糖業軽便鉄道まで、至るところに鉄道網および道路網を整備しました。写真67は教科書に載せられている台湾の地図で、鉄道路線も描かれています。そして、写真68は明治期台湾の一番簡易な鉄道と停車場の様子です。当時台湾の産業は農産物の生産と輸出が中心です。各地で生産された資源は鉄道を通して吸収され、鉄道の末端にある基隆港などを通して、日本へ搬出されます。結果として、鉄道の完備は台湾全島をひとつの市場圏にまとめました。一九二〇、三〇年代には、これまで三大地域のそれぞれに集中していた農産品の集散地が西部に縦貫する鉄道沿線の町へと変わっていきました。地域によって特化されていく経済活動の内容やそれに伴う開発および工場建設などの拡大により、「都会」と「田舎」、すなわち都市と農村の区別もはっきりと浮かびあがり、必然的に教育面にも都市と農村の「差」が現れてきたと考えられます。

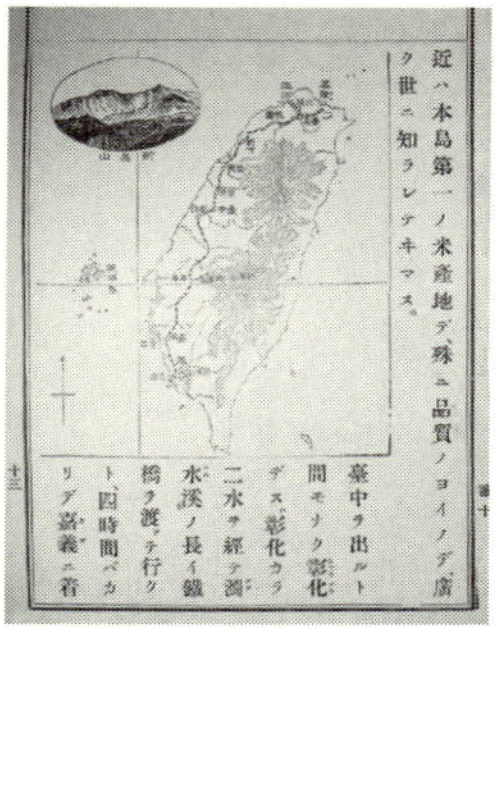

写真67　教科書の中の台湾地図（三期巻一〇）

写真68　鉄道が整備される前の軽便鉄道の停車場〈台中〉（「南陀の風物」第一号、台湾協会所蔵）

2　教科書の中の「都市と農村」

公学校の教科書にはっきりと都市と農村をテーマにする内容はなかったので、「青年学習書（巻二）」に収録されている教材「農村と都市」の一部を引用して、当時の台湾では都市と農村の「違い」はどのように考えられていたのか紹介しましょう。

「我等の郷土は農村か都市かの何れかであるか、現代に於ける農村生活と都市生活との間には、かなり著しい差異が認められる。農村にあっては人口が分散して人家が方々に點在して居り人々は自然を友とする農、林、漁業にいそしんでよく隣保団結の美風を保っている。これに対し都市にあっては人口が集中して住宅が軒を連ねて居り、人々は喧しい騒音の中に商工業をいとなんで居る。そして農村に風光の美しさがあれば都市に文化の巧みがある。かれに健康の源泉なる幸あれば、これに知識の淵叢たる喜びがある様に両者には又異なる特色を持って居る。此の様な農村と都市との関係は経済生活の発達の結果生じたものであるが、同時に農村と都市とは密接な離れられない関係に立って居る。即ち都市の消費する米、野菜、肉、薪炭の様な生活必需品や工業原料品は主として農村がこれを生産し、農村の消費するいろいろの加工品は殆ど都市が生産する。従って農村の繁栄はその購買力を増大して都市の殷賑を招来し都市の活況は農村生産物の需用を多くして農村の景気を引き立てる、農村と都市とは経済的にまったく相互依存の関係にあるのである。……（後略）」（青年学習書　巻一）

この「都市と農村」によれば、「都市」というのは「商工業」が中心で人口も住宅も集中して、「文化の巧み」を持っているところをいいます。それに対し、「農村」は「農、林、漁業」が中心で人口も分散していて、「自然の美しさ」があるところになります。両者は「経済生活の発達」によって生じた結果ですが、両者の関係は密接していて、離れられないとのことです。

このような説明は現在私たちが考えている「都会と田舎」の概念とは大きく違わないと思われますが、約百年前ではネットも、パソコンも、ゲームもなく、水道や電気すら普及していなくて、情報という言葉も存在しなかった世界でした。都会の場合はまだ交通や商売の往来が多いため、新しい文化に触れられたり、勉学の機会に恵まれたりする可能性がありました。しかし、田舎の場合は、新聞でもお金持ちのお家しかとることができないので、子どもたちにとっては、学校の先生からの話を聞くのが農村以外の世界を知る唯一の手段でした。学校で何を学ぶのかは、その子どもの人生に大きく影響しました。

台湾人生徒が通う初等教育機関「公学校」では、基本的に台湾総督府の方針に従って教育を施しますが、経費の負担や学校の設置・運営はすべて各地方の街庄（日本の町村に相当する）が担当しました。運営の主体となる街庄の経済力や、地域住民の支持によって、学校の運営にも差が出てしまいます。経済的な条件や環境が大きく異なってくると、農村の公学校と都会地の公学校にも大きな差が出てきました。

3　農村公学校の子どもたち

日本統治時代、農村の親は子どもたちを学校へ通わせたがらなかったそうです。なぜなら、「子どもを学校へ通わせても本は読めないし、自分の名前すら書けない」、「卒業しても手紙すら書けないから、就職できない」、「学校に入った子は大抵家業を嫌うようになるから」、「子どもを中学校に入れるお金がないから、公学校へ行かせても無駄だ」など、さまざまな理由がありました。農村の親にとって、お金を出して子どもを学校へ通わせても、卒業したら家業である農業を手伝ってもらえる保証がないことが一番の心配だったのです。また、農村の公学校の卒業生の大半は農村に残りますが、公学校教育を受けたことによって、勉強ができた子は逆に農業を嫌い、よそへ就職しようとします。つまり、農村の公学校の卒業生は地域社会の期待や需要に充分にこたえることができていなかったことが問題でした。

では、当時台湾の農村では子どもたちはどのような存在だったでしょうか。実は、農村の子どもたちは公学校や書房へ勉強しに行けなくても、遊んで過ごしていたわけではありません。彼ら（彼女ら）のほとんどは朝から晩まで親の仕事を手伝い、男女問わずに「子守、炊事、掃除、水汲、米搗き等の家庭での仕事や、田圃の岸塗、除草や草刈等の野良仕事」をしなければなりませんでした。例えば、肥拾いや豚糞拾い、山菜摘み、柴草拾い、牛飼いから、食料となるものを拾う（粟拾い、甘藷拾い、落花生拾い等）まで、すべてが子どもたちの仕事です（写真69、70）。

子どもとはいえ、農村では貴重な働き手でもあります。その貴重な労働力を、学費を払ってまで学校へ行かせるなら、卒業後は家の畑仕事や家業に役立ててほしいと期

写真69　川で野菜を洗う台湾人の親子（一期巻四）

写真70　台湾の水車〈龍骨車〉と子守をしている台湾人の女の子（三期巻一）

待するのは当然なことです。しかし、前述したように、実際に農村公学校の優秀な卒業生は逆に家業を嫌って、よそへ就職しようとするとなると、親が勉学に反対する心情も理解できます。

また、都会の公学校の卒業生は新しい文化に触れることや勉学の機会が多いのに対し、純朴な農村地方にいる青年は素朴さを持っていますが、「智力」と「常識」においては大きく遅れている面もあります。農村は都会に比べて、経済面や生活条件が劣っています。そのことで農村の公学校の日本人教員の異動率が高くなるなど、公学校の教育自体にも悪影響が出てしまうということです。

4　国語教科書の編さん方針にみる都市と農村

都会と農村の格差問題について、当時一番大手の教育雑誌『台湾教育』にも学校現場の教員からの寄稿がありました。寄稿したのは大半が公学校で主導権を持たない台湾人の先生たちが中心でしたが、『台湾教育』に載せることによって、この問題はある程度意識されていたことを示しています。総督府で新しい国語教科書の編集計画が立てられた時にもその影響がみられました。台湾の第一期から第三期までの国語教科書の編さん趣意書や編集関連資料において、都市と農村を意識するような記述はありませんでした。第四期の「公学校用国語読本」は準備段階から都市と農村の違いを意識して、学校への実地視察が行われました。視察を担当したのは第四期国語教科書の編集者加藤春城です。彼は台湾総督府の編修官であると同時に、先ほど言及した『台湾教育』雑誌の編集者でもあります（写真71）。

写真71　台湾総督府編修官加藤春城（個人所蔵）

一九三五年に、加藤は「国語教授の現況とりわけ児童の国語力を見る」ことに重点を置き、台湾の台南州と高雄州にある公学校を合計三〇校視察しました。視察の時になるべく「都会と農村」の両方で視察を行ったといいます。視察後の感想として、加藤は近年「交通の発達」によって、農村にも以前より情報が入るようになっていると述べています。特に農村の五、六クラスしかない小さい学校でも、努力すれば、都会地に負けないぐらいの実力を持てるようになれたそうです。交通機関の整備に伴う都会と農村との生活レベルの格差の解消によって、彼が気になっていた農村の公学校における国語教育上の不利な点も緩和されるのではないかと期待していました。

また、加藤はこの視察である重要な事実に気付きました。それは、教育現場の先生たちが、生活環境が生徒たちの生活経験と学習効果に大きな影響を与えていることに全く気がついていなかったことです。

例えば、第三期公学校用国語読本の巻五の教材「テイシャバ（停車場）」（駅のこと、写真72）を教えるときに、この教材は生徒の生活経験と常識に関わる教材なので、事前に生徒たちがこのテーマについてどれだけ知っているのかを調査する必要があります。しかし、加藤が視察の時に直接に生徒たちに質問をしてみたところ、駅から一キロ半しか離れていない公学校なのに、三年生で汽車に乗ったことのある人は一人もなくて、駅を見たことある人も二、三人しかいませんでした。また、半商半農の都会に近い公学校の四年生では、苗代（なわしろ）を知らない人も大半でした。加藤はこのような状況を「まことにうそのような事実」だと述べています。当時、加藤を案内した公学校の校長と同伴の視学官も「意外ですねえ」と話していたそうです。

写真72　停車場（三期巻五）

このように、一九二〇、三〇年代の台湾では植民地統治によって都市と農村に格差が出ていて、教育現場にまでその影響が及んでいたのです。こうして、今回の視察結果は第四期国語教科書を編さんするときの参考とされ、一九三七年に第四期の新しい国語教科書が刊行されました。加藤の口述によってまとめられた教材方針の説明では、都市と農村を意識したような内容はありませんでした。一部の教材に関してのみ、都市と農村での扱い方の違いについて言及されました。例えば、巻二第二十三課の「町の夏の朝」は町の風景を中心に描写されたものなので、町に住んでいる生徒にはこれ以外の状況についても説明を行い、農村の児童に対しては、自分たちが生活している農村の朝の様子を話させるようにとの指示がありました。

そもそも、公学校教育は一般台湾人児童を対象とする共通の学校教育であり、その国語教科書も台湾総督府の教育方針のもとに置かれて作られたのです。国民教育の目的を持たされている以上、教材の共通性をなるべく配慮することが基本となっています。そのうえ、加藤は農村と都市の問題はさらなる交通の発達によって解消されることを期待しているとのことでした。そのため、公学校用の国語教科書においては、都市と農村の差がわかるような教材はむしろ最低限に抑えられました。避けられない場合に関しては、教授時の説明や補充教材で補てんする方針が取られました。

5　公学校国語教科書の都市と農村

公学校国語教科書で都市と農村の違いを意識し始めたのは第四期の教科書編集計画が立てられ始めた頃でした。それ以前の台湾はまだ農業中心の地域が大半だったの

写真73　教材「私ノウチ」（三期巻三）

で、教材に取り入れられた内容も農家の設定が多かったのです。例えば第三期『公学校用国語読本　第一種』の「私ノウチ」（巻三―二五）がそうです（写真73）。教材の内容は次の通りです。

「私ノ ウチハ ミンナデ 七人デス。オトウサント ニイサンハ アサハヤク カラ、田ヤ 畠ヘ イカレマス。オカアサンハ ウチデ、センタクヤ ヌヒモノヲ ナサイマス。弟ハ ライネンカラ 学校ヘ イキマス。イモウトハ 三ツデ、ヲトツヒカラ オチチヲ ヤメマシタ。イモウト ノ モリト ニハトリノ セワハ、オバアサンガ ナサイマス。ユフハンガ スムト、ミンナデ オモシロイ オハナシヲ シマス。私ハ 学校デ ヲソハツタコトヲ ハナシマス。」

このようにはっきりと農村の家だとわかる教材は第四期の教科書になると減りました。その代わりに増えたのは農村と都会で兼用できる教材でした。ただし、低学年の教材は児童の実際生活経験に基づいて編集されるのが基準ですので、一部都会と農村の区別がはっきりとわかるような教材もあります。例えば第四期『公学校用国語読本』巻一のガジュマルの挿絵ですが（写真74）、編さん要旨ではこれが台湾の「南部平野あたりではよく見受ける」風

写真74　教科書の中のガジュマル（四期巻一）

写真75　現代台湾の廟の前のガジュマルに人々が集う風景

景との説明がつけられていて、「露店で茶を飲み、物を食べている労働者たちが最小限度の必要を満たしているので、児童の買食と混同してはならない」ようにと、教授上の注意点も述べられています。

そして、第四期「公学校用国語読本」巻二の第一課も農村の教材です。挿絵に描かれているのは「稲が黄熟した田圃の光景」だといいます（写真76）。編さん要旨の説明によれば、農村の児童がこの挿絵に関心を持つことは自然ですが、普段見慣れている風景だけでなく、描かれている農業用の機械は最新式の足踏み式のものにしているなど細部にまでこだわっている所も教えるようにと強調しています。また、この教材の都会での扱い方について、「都会の児童も足一度郊外に出ると、これらの光景に接することが出来るから、取扱に困ることはあるまい」との説明も付け加えられました。

それから、都会限定の教材もあります。第四期「公学校用国語読本」巻二の第二十三課「町の夏の朝」は商売が中心となる地域の風景を取り入れた教材です（写真77）。編さん要旨では「町の児童にはこれ以外の事実をも問答し、農村の児童に対しては、農村の朝の様子を話させるがよかろう」と、取り扱い上の違いを説明しています。

6　国語講習所用国語教科書の都市と農村について

さらに教科書に現れた都会と農村の格差による影響を明らかにするなら、公学校の教科書以外に、国語講習所の教科書についても説明する必要があります。

植民地台湾で使われた台湾人向けの「国語教科書」は公学校用の国語教科書以外に、昭和期から強化された「国語普及」の一環として、未就学の台湾人青少年層を対象に

写真76　農村の風景（四期巻二）

国語教育を施していた国語講習所の国語教科書がありました。一九三〇年代前後の台湾において、国語を普及する流れに合わせ、一九二九年から未就学の一般台湾人青少年を対象とする国語講習所が設置されるようになりました。この国語講習所が使用する国語教科書『新国語教本』は一九三三年と一九三九年に二回刊行され、台湾全島の国語講習所で使われていました。

国語講習所の教育目標は公学校と違って、日本語の教授に重きを置いていました。講習所に通う受講生というのは、学校へ通えない人や、昼間は農業や工場で勤めている人、農業の閑散期など特定の時期にしか勉強できない人たちでした。この人たちは昼間に仕事をしなければならないし、学んだ日本語をすぐに仕事に役立てたいが、限られた時間しか日本語の勉強ができないので、国語講習所での日本語教育は「速効性」かつ「地方の特異性に適応すること」が最も優先されることになります。

受講生の出身地域や勉学の目的がはっきりしているので、『新国語教本』は早い段階から都会と農村の差を意識して編集されていました。昭和八年版の教科書の編集責任者三屋静によれば、編集上最も注意すべきなのは「都市用にもなり、農村用にもなる両方に融通のきく」ことだといいます。すなわち、農村用にも、都市用にも、そして国語講習所でも、もっとへき地にある簡易講習所でも使用できる幅の広い内容を目指そうとしました。実際に刊行された教本の中にも、講習所の所在地である土地の実情によって、教材内容を適宜に取捨選択することができると明記されています。

さらに昭和一四年版の『新国語教本』になりますと、教材配置などを使いやすくしただけでなく、「テーマ別」の読本まで出版されたのです。国語講習所二期生以上の

写真77　町の夏の朝（四期巻二）

青年男女や大人向きの教科書として、『公民読本』、『農民読本』、『商工読本』が発行されることとなり、各地方の必要に合わせて教本を選べるようになりました。さらに、一九四二（昭和一七）年に、従来『新国語教本』を用いた短期間の「簡易国語講習所」にも、専用の『簡易国語教本』も出版されました。それでも、このような変化には国語講習所が求める日本語学習の「速効性」と「地方の特異性」を優先に配慮した結果であり、当時の都市と農村における教材問題を解決しようとするやり方だと考えられます。

このように、国語講習所は家庭や経済的な原因で公学校へ通えなかった台湾人青少年が対象なので、受講生の生活や経済背景に合わせて農村や労働者が日常で使うような教材内容が中心となります。しかし、『新国語教本』は共通の教科書である以上、都市や農村で兼用できるように工夫されています。例えば、昭和八年版『新国語教本』巻二「私の庄」（庄は村のこと）で紹介されているのは千戸ある庄ですが、挿絵には軒を並べている家と離れて建てられている屋敷や工場もあり、すぐ裏にはたくさんの田んぼも描かれています。この庄は都会地であるか農村であるかは教材を見る限りでは判断できません。両方の風景が含まれているように挿絵で内容の不足を補っているのです。このような取り扱いは昭和一四年版の「新国語教本」巻一の教材にもみられます（写真78、79）。

こられの教材の変化を見れば、一九二〇、三〇年代の植民地台湾に現れた都市と農村の格差問題は「植民地経済の発展」によるものでした。それは確実に台湾人児童の生活と学校での勉強に影響を与えていたのです。

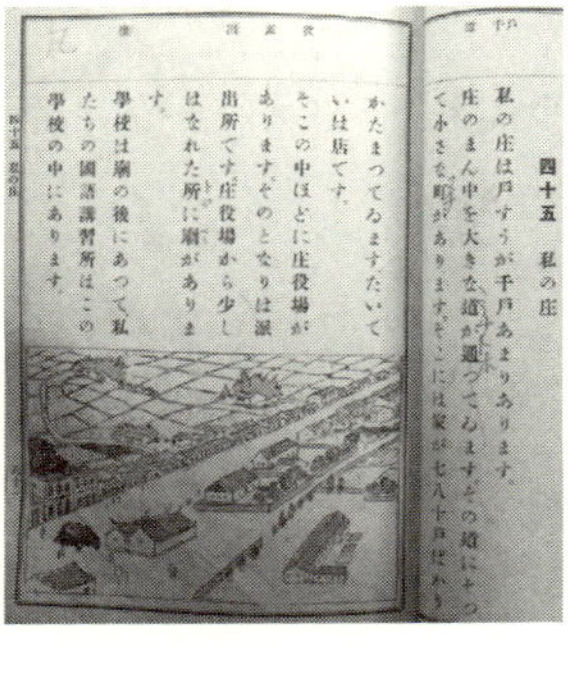

写真78　私の庄（一九三三版新国語教本巻二）

写真79　街の俯瞰図（一九三九版新国語教本巻一）

五　台湾の国語教科書の挿絵とその特徴

台湾の国語教科書の挿絵ですが、第一期の教科書から日本の教科書と全く違う方針がとられていて、植民地の独特な雰囲気が漂っていました。この時期の台湾人の服装から、家、風景までもそのまま多数残されています。第二期と第三期の教科書については、国定国語教科書の影響を受け始めたが、それぞれの時期における台湾人の実際の生活様式や服装などの姿がまだある程度残されていました。さきほど説明したお祭の教材がその一例です。

それから、台湾の国語教科書に描かれている挿絵はもう一つ大きな特徴があります。それは第四期以降の教科書に出てくる全ページ色刷りで文字なしの挿絵です（写真80、81、82、83）。このような挿絵教材の取り入れには、前述した編集者の加藤春城が深くかかわっていました。全ページの大きい挿絵の採用は加藤自身が台湾の修身教科書の編集に携わった時の経験です。さらに、一九三五年に第四期の新国語読本のために行った朝鮮視察で、朝鮮の『普通学校国語読本』の巻頭にも全ページ挿絵の使用例を見ていました。そのうえ、国定国語教科書に色刷りの挿絵が採用されていることにも影響を受けました。

さらに、入門の国語教科書で立派な挿絵を使うことに加藤が踏み込んだのには、教育上の配慮もありました。もともと公学校の新入生に授業の受け方や簡単な話し方を教えるだけの準備教育期間は六週間が必要でした。それを二週間に短縮したいという狙いがありました。幼い生徒が退屈しないようにしつつ早く読本を使わせたいという気持ちが込められているからです。全頁挿絵の編集手法自体は台湾での独創的な発想ではなかったのですが、これらの手法をすべて合わせて、日本語の入門教材として、最初の六ページ分の教材は文や単語を用いず色刷りの全ページ挿絵だけを取り入れました。これは台湾の第四期『公学校用国語読本』が最初でした。

このような文字なしの挿絵教材は第五期の国語教科書にも同じように取り入れられています。もちろん、まったく文字を使わずに日本語初心者の子どもたちを相手に、

写真80　第四期『公学校用国語読本』巻一の文字なし挿絵教材。

写真81　第四期『公学校用国語読本』巻一の文字なし挿絵教材。

写真82　第五期『コクゴ』一の文字なし挿絵教材。

写真83　第五期『コクゴ』一の文字なし挿絵教材。

表2　第四期と第五期国語教科書の文字なし全頁挿絵教材について

第四期『公学校用国語読本』巻一の文字なし挿絵教材	
課数・教材主旨	指導要領
第一課　朝会の風景	語法の排列に拘泥せずに、簡単の事物を述べる表現から、簡単な動詞までを直接の身振りによって指導する。
第二課　色鮮やかな花畑風景（写真80右）	形容詞と形容動詞の使用
第三課　庭で鯉を見る男女児童（写真80左）	所有格の使用
第四課　家族（写真81）	児童の想像力を働かせ、挿絵の内容について述べる表現の練習をする。
第五課　農家の庭先と家畜	総合の話方の練習
第六課　飛行機をみる親子	総合的な話方練習

第五期『コクゴ』一の文字なし挿絵教材	
教材順教材テーマ	指導目的
第一課　先生と生徒	児童の身辺にある諸物の名称を授け、簡単な表現様式を指導する。
第二課　動物	挿絵にかかれている動物は日常生活に縁の深いものであり、その名称を授け併せて簡易な表現様式を指導するのが本課の目的である。
第三課　朝の学校（写真82）	登校した時の礼法の指導と共に言葉を授け、簡易な表現様式を指導するものである。
第四課　教室にて（写真83右）	教室内の事物の名称と簡易な表現様式を指導し、学習態度について適当な躾をするのが本課の目的である。
第五課　運動場での遊び（写真83左）	挿絵は数多い遊びの中から石けり・ボール投げ・遊戯などを選んで書いてある。この頃の一年生にはこうした遊びはややむづかしいのであるが、教師が中心となって遊びを指導し、それに即して国語を習得させるのが本課の狙いである。
第六課　春の田舎	農家を中心として田舎の風景を描き、諸種の乗り物を配している。これによって語彙をひろめ、表現様式の習熟を図るのが本課の目的である。
第七課　天長節の日の私どもの町	本課は農山漁村の天長節当日の光景を表わしたものである。学校の儀式を中心として、天長節の行事の実践方面の躾と共に国語を指導し、忠君愛国の念を培うことが本課の目的である。

写真84　天長節の文字なし挿絵教材（五期巻一）

挿絵のみで授業をするのは容易なことではありません。加藤としては、この文字なしの挿絵教材を話し方練習の初歩的資料として提供し、生徒たちが興味を持ちそうな内容を選んだと話しています。また、これらの教材の具体的な取り扱いについて、各学校に任せるとしながらも、編さん要旨や教授書を通して、その扱い方を明らかにしました（表2）。

例えば、第五期巻一の第七課の教材ですが（写真84）、一目見れば、公学校や街を俯瞰したものかと思いました。教授書の説明を読むと、この挿絵のテーマは天長節でした。なぜこの教材のテーマは天長節でしょう。その理由はあなたにわかりますか。はい、そうです。描かれている学校や街中はすべて日の丸の旗が飾られていて、確かに天長節の時の町の風景ですね。一枚の挿絵には、一つ何か多く描いたことによって、語られることも無限に増やすことができるという編集側の考え方が明らかになった一枚でもありました。

むすびにかえて――日本時代を生きた人びとの記憶

私のお祖父さん以外に、日本時代を生きてきたほかの台湾人にもインタービューをしたことがあります。日本の植民地統治を厳しく批判する台湾人は少なかったことにびっくりしました。それは植民地統治を正しいやり方として受け入れたのではなく、人生を振り返って、日本人が施した教育を受けたことが結果としてよかったと考えてのことだと思います。すべての人が感謝の言葉を言いながらも、学校で受けた差別、日本人の子どもに対する不公平な思い、貧しい生活への思いも語られています。

例えば私のお祖父さんですが、公学校卒業後、師範学校への進学を日本人の先生に勧められましたが、家が貧しくて、あきらめて農業学校へ進学しました。農業学校で日本へ渡って実習する機会が約束されていましたが、出発する前の年に日本が敗戦して、植民地統治が終わりました。お爺さんの日本留学もこれでなくなり、夢を叶える道が二度も絶たされたのです。それでも、日本時代を生きて、その後の国民党政権下の中華民国で生きてきたお祖父さんの世代の人々は、日本に抱く感情は特別なものだと感じます。

台湾総督府は台湾の教育に力を入れているように見えました、しかし、公学校が台湾人に施した教育は、基本的に最初から、人々の関心が政治に向かないようにすることを目的としていました。それを愚民政策と言います。また、日本語を教えて、統治の便を図るのも主な目的の一つでした。教科書で学問や勉強を勧めながらも、将来は誠実な奉公人、商売人や労働者になるように仕向けられていました。頑張って学問を追究して、将来は出世してえらくなりなさいという教材はありませんでした。忠誠なる日本の国民として、日本に尽くすように教え込むのが教材を編集する時の基本的なスタンスです。もちろん、現代のように夢をもって、将来のために頑張るという考え方はまずありませんでした。そのため、教科書の中には基礎な実学知識がたくさんつめられているにもかかわらず、すべて初歩的なものにとどまっています。

植民地の教科書に描かれているのは植民地統治者の「理想」であり、植民地や被植民者が持つべき「姿」です。時期によって、真実の姿も描かれることはありますが、

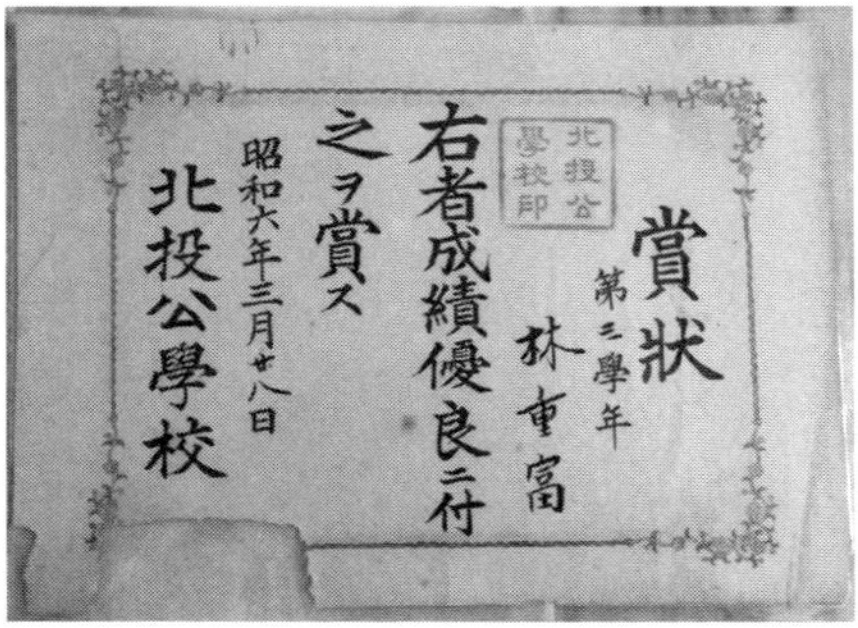

写真85　大切に保管されている公学校成績優秀賞状（個人所蔵）

決して奨励される対象ではなかったことだけは確かです。この点については、統治初期に使われていた第一期の『台湾教科書用書国民読本』が一番の証拠となります。当時の台湾はまだ未開化の地とされ、台湾人の性格、生活や衛生習慣等を「改善」することが教育の目標なので、前述した「纏足」や「アヘン」等の当時台湾社会を蝕んでいた悪習が教材として取り入れられていたのもその一例でした。そして、徳性関連の教材でも主に初級の倫理と礼儀を述べる内容でも、台湾だけ扱っている教材には職業と直結するようなものが殆どでした。例えば、商業を営むのに「正直さ」、奉仕人に就くなら「勤勉さ」を強調し、親切や勉学のテーマにするものもありましたが、比較的に少なかったのです。それは当時の台湾人にはよく嘘をつく、商売に誠実ではないなどの評判がついてしまっていたからです。これらの悪習や批判はでたらめではありませんが、教材の中では差別ともとられるような扱い方がされているのも事実です。同じようなやり方はほかの国の植民地の教科書にもみられていて、植民地の教科書ならではの特徴ともいえます。

植民地で使う教科書には、真実は必ずしもそのまま書かれているわけではありません。統治側が求めている植民地の人民が持つべき「理想像」が描かれている場合もあります。時期や時代背景によって、被植民地が持っていた貴重なものや生活の記録も様ざまな形で教科書に残されています。また、教科書の内容が意図的に操作されているからこそ、統治者は植民地の住民に何を求めているのか、どうなってほしいのか、その基準を具体的に知ることができます。

現在、みなさんが使っている教科書、もしくは読んでいる本はもちろん植民地時期

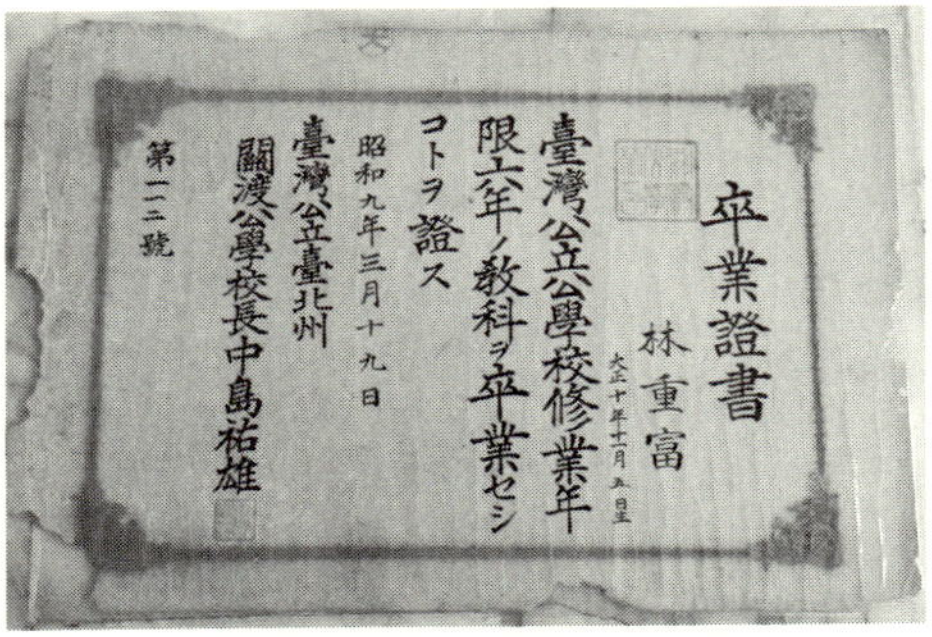

写真86　大切に保管されている公学校卒業証書（個人所蔵）

のものではありません。公学校国語教科書のような教材もありません。でも、読み物というのは何かの意図を持って描かれたものです。偏った視点で書かれた内容や、差別的な内容（人種差別、性別の差別等）が含まれているものも今もたくさん存在しています。読み物を選ぶとき、読むときは、自分にとって有益なものなのかを判別する能力をぜひ身に着けてほしいと思います。そうすると、きっと本を読むときに新しい発見ができますし、世界もより広がると思います。

写真87　教科書の中のおじいさん（四期巻一）

【参考文献】


〈日本語復刻版文献〉

『民俗臺灣』復刻版（一九九八）、一巻一號（一九四一・七）～五巻二號（一九四五・二）南天書局。

文部省『国語対策協議会議事録』復刻版（一九三九）文部省図書局。

台湾教育会編『台湾教育沿革志』復刻版（一九八二）青史社。

台湾教育史研究会策画『日治時期台湾公学校と国民学校国語読本』第一期～第五期復刻版（二〇〇三）南天書局。

『小学国語読本（尋常科用）』復刻版国定第四期国語教科書（一九八一）ノーベル書房。

『ヨミカタ一・二、よみかた三・四』復刻版、文部省著作暫定教科書・国民学校用（一九八四・五）大空社。

『初等科國語一―八復刻版』文部省著作国民学校用国語教科書（一九八二・二）ほるぷ出版。

高成鳳『植民地鉄道と民衆生活　朝鮮・台湾・中国東北』（一九九九・二・二六）法政大学出版局。

池田敏雄「台湾の家庭生活」復刻版（一九九四・九、二刷）、南天書局。

梶原通好「台湾農民生活考」復刻版（一九九九・五・一〇、二刷）、南天書局。

〈日本語文献〉

台湾教育史研究会策画『日治時期台湾公学校と国民学校国語読本解説・総目録・索引』（二〇〇三）南天書局。

陳培豊 「同化」の同床異夢――日本統治下台湾の国語教育史再考（二〇〇一）三元社。
陳虹彣 「日本統治下台湾における初等学校国語教科書の考察――一九三七年以降台湾人生徒用国語教科書に着目して」『東北大学大学院教育学研究科研究年報』第五四集第一号（二〇〇五・一二）六三―七九ページ。
「日本統治下台湾における国語講習所用国語教科書の研究――台湾教育会の『新国語教本』に着目して」『東北大学大学院教育学研究科研究年報』第五四集第二号（二〇〇六・六）六三―八九ページ。
「日本統治下台湾における「国語」という教科の成立と伊沢修二」『教育思想』第三四号、三九―五七ページ。
「一九三七年以降における台湾人初学年生徒用の国語教科書について」『植民地教育史研究会研究年報』第十号（二〇〇八年三月）三八―五六ページ。
日本統治下台湾人用国語教科書と国定教科書の比較研究（その一）――第一期読本を中心に、平安女学院大学研究年報第一二号（二〇一二・六）一五―二三ページ。
日本統治下台湾人用国語教科書にみる都市と農村、平安女学院大学研究年報第一八号（二〇一六・三）三四―四二ページ。
陳虹彣 「日本統治下台湾人児童の日常生活について――国語教科書を手掛かりに」『平安女学院大学研究年報』第一七号（二〇一七）一八―二五ページ。
陳虹彣 「日本統治下台湾人児童の日常生活について（その二）――国語教科書を手掛かりに」『平安女学院大学研究年報』第一八号（二〇一八）一三―二二ページ。
李園會 「日本統治下における台湾初等教育の研究」上・下（一九八一）復文出版社。

〈外国語文献〉
沈佳姍 「臺灣日日新：阿祖ㄟ身體清潔五十年」（二〇〇九）台灣書房。
Altbach, P. G. & Kelly, G. P. (1978). Education and Colonialism. Longman.
Kelly, G. P. (1979). The Relations Between Colonial and Metropolitan Schools: A Structural Analysis. Comparative Education 15(3), pp. 209-215.
Kelly, G. P. (1984). “When I become a Fonctionnaire”: School Knowledge in French Colonial Africa.

Occasional Paper Series,11, Comparative Education Center. State university of New York at Buffalo.
Komagome, T. & Mangan, J. A. (1997). Japanese Colonial Education in Taiwan 1895-1922: Precepts and Practices of Control. History of Education 26(3), pp.307-322.
Mak, G. C. J. (1997). Reconstructing Schooling Processes: A Review of Gail Kelly's Works on Colonial Education in Indochina and French West Africa, 1918-1938. Comparative Education Review, 41(2), pp.210-213.

【関連推薦図書】

何義麟　『台湾現代史——二・二八事件をめぐる歴史の再記憶』（二〇一四）平凡社。
片倉佳史　『古写真が語る——台湾日本統治時代の五〇年　一八九五—一九四五』（二〇一五）祥伝社。
菊池一隆　『台湾北部タイヤル族から見た近現代史——日本植民地時代から国民党政権時代の「白色テロ」へ』（二〇一七）集広舎。
駒込武　『植民地帝国日本の文化統合』（一九九九）岩波書店。
酒井充子　『台湾人生——かつて日本人だった人たちを訪ねて』（二〇一八）光文社。
周婉窈（石川豪・中西美貴・中村平訳、濱島敦俊監訳）『増補版　図説台湾の歴史』（二〇一三）平凡社。
陳柔縉（天野健太郎訳）『日本統治時代の台湾』（二〇一四）ＰＨＰ研究所。
乃南アサ・国立台湾歴史博物館・秋恵文庫　『ビジュアル年表　台湾統治五十年』（二〇一六）講談社。
野嶋剛　『タイワニーズ——故郷喪失者の物語』（二〇一八）小学館。
レオ・チン（菅野敦志訳）『ビカミング〈ジャパニーズ〉：植民地台湾におけるアイデンティティ形成のポリティクス』（二〇一七）勁草書房。

【教科書写真の提供】

玉川大学教育博物館

＊本書の第三部分は JSPS 科研費 JP15K17366 の助成を受けたものです。

1933	8	国語普及10カ年計画開始 書房の開設は禁止に。 国語講習所用国語教科書『新国語教本』が刊行（台湾教育会編著）
1934	9	皇民化運動始まる
1935	10	台湾教育令改正 台湾の自治制度が実施
1936	11	小林躋造が台湾総督に任命された
1937	12	第四期国語教科書『公学校用国語読本』巻一～巻二が刊行 島内新聞漢文欄が廃止。漢文科目が廃止。 国語常用家庭制度
1938	13	国家総動員法が実施 第四期国語教科書『公学校用国語読本』巻三～巻四が刊行
1939	14	中等教育以上の教科書は完全に内地と同じ文部省が指定するものを使用 第四期国語教科書『公学校用国語読本』巻五～巻六が刊行 国語講習所用国語教科書『新国語教本』改訂版が刊行（台湾教育会編著）
1940	15	台湾人対象の改姓名運動 第四期国語教科書『公学校用国語読本』巻七～巻八が刊行
1941	16	国民学校令の公布と台湾教育令の改正 4月1日から全島の小公学校を「国民学校」に名称変更 第四期国語教科書『公学校用国語読本』巻九～巻十が刊行 青年団と皇民奉公会の発足
1942	17	第五期国語教科書『コクゴ』一～四が刊行。 第四期国語教科書『公学校用国語読本』巻十一～巻十二が刊行
1943	18	台湾教育令改正 国民学校の義務教育化 第五期国語教科書『初等科国語』一と三が刊行。
1944	19	台湾人の徴兵制が実施。 第五期国語教科書『初等科国語』二と四～八が刊行。
1945	20	第二次世界大戦日本が敗戦、台湾における植民地統治終了。

年表

西暦	和暦	出来事
1895	明治 28	日清講和条約が締結、台湾は日本の植民地に。 伊澤修二による日本語教育が開始。芝山巖学堂設立。
1896	29	国語学校・国語傳習所官制成立
1898	31	台湾公学校令、台湾公学校官制、台湾公学校規則が公布。
1901	34	公学校令改正 『台湾教科書用書国民読本』巻一～巻六が刊行。 台湾教育会發会 公学校編制規程・公学校設備規程
1902	35	第一期国語教科書『台湾教科書用書国民読本』巻七～巻九が刊行。
1903	36	第一期国語教科書『台湾教科書用書国民読本』巻十～巻十二が刊行。
1904	37	公学校規則全面改正
1905	38	蕃人公学校令が公布
1907	40	台湾公学校令・公学校規則改正發布
1909	42	公学校規則改正
1911	43	国語普及運動開始
1912	45	公学校規則改正（日本語教育においての母語使用を禁止に）
1913	大正 2	第二期国語教科書『公学校用国民読本』巻一～巻八が刊行。 日本の国定国語教科書編集者芳賀矢一の台湾訪問
1914	3	第二期国語教科書『公学校用国民読本』巻九～巻十二が刊行。
1915	4	公立台中中学校が新設。
1918	7	内地延長主義の統治方針が確立。
1919	8	台湾教育令が公布。 国語学校を廃止し、師範学校と改称。
1921	10	台湾公学校規則が全面改正。
1922	11	新台湾教育令が公布。 台湾人と日本人の共学化 蕃人公学校規則と名称の廃止。 中等教育以上の共学化（中等教育以上の諸教科書も基本的に内地と同じ物） 台湾人児童は 6 年制の公学校；高砂族児童は 4 年制公学校。
1923	12	第三期国語教科書『公学校用国語読本（第一種）』が刊行。
1928	昭和 3	臺北帝国大学設立
1929	4	初等教育を受けない台湾人を対象とした社会教育体制の成立 国語講習所の設立

著者紹介
陳　虹彣（ちん　こうぶん）
1977 年台湾生まれ。
2007 年東北大学大学院教育学研究科博士課程修了。博士（教育学）。
専攻は教育史、植民地教科書研究、比較教育。
現在、平安女学院大学国際観光学部准教授。
研究業績として、『近代日本の中央・地方教育史研究』第 12 章（学術出版会、2007 年）、「台湾総督府編修官加藤春城と国語教科書」（『植民地教育史研究会研究年報』8 号、2008 年）、「日本統治下台湾人用国語教科書と国定教科書の比較研究」（その 1 ～その 3）（『平安女学院大学研究年報』12.13.14 号、2012-14 年）、「日本統治下台湾人児童の日常生活について：国語教科書を手掛かりに」（その 1 ～その 2）（『平安女学院大学研究年報』17.18 号、2017-18 年）、『現・近代日本教育会史研究』第 13 章（不二出版、2018 年）など。

日本統治下の教科書と台湾の子どもたち

2019 年 2 月 15 日　印刷
2019 年 2 月 25 日　発行

著　者　陳　虹彣

発行者　石井　雅
発行所　株式会社　風響社

東京都北区田端 4-14-9（〒 114-0014）
TEL 03（3828）9249　振替 00110-0-553554
印刷　モリモト印刷

ISBN987-4-89489-410-5　C0022